我们还能获得幸福吗？

[英] 伯特兰·罗素 著

谭新木 谭小平 译

湖南教育出版社
·长沙·

编者前言

如果说这世界上真的有那种仅凭自己的天才就可以享誉世界的人物，那伯特兰·罗素（Bertrand Russell，1872—1970）肯定算得上是其中一位。罗素的名字贯穿了整个20世纪，这一百年间，无论是在科学、文艺、哲学方面还是在社会活动领域，处处可以看到罗素的身影。在20世纪的哲学家中，他的著述、言论、活动所涉及的范围是最广阔的。他出版过六十多部著作，其中大约二十部是哲学著作。罗素在数理逻辑领域作出了重要贡献；而他在一般哲学问题上的看法极为浅易，易为普通读者明了，这两个方面相辅相成地提升了他的知名度。

罗素生于1872年5月18日。罗素的父母两系都是英国辉格党的贵族，他的祖父约翰·罗素是著名的自由主义政治家，在维多利亚女王时代曾两度出任首相，后来被封为罗素伯爵，哲学家罗素于 1934 年继承了这一爵位。罗素不到四岁就失去双亲，六岁时，祖父去世，从此由祖母和家庭教师抚养教育。他的祖母出身于一个苏格兰长老会传统的世家，一直重视孙子的宗教信仰和道德精神，据罗素自述，他从少年起就开始反叛这种浓厚的清教徒气氛，反叛所依靠的力量是理智，他先迷上了数学，后来又迷上了哲学。在祖母的教育和影响下，罗素对于社会正义和改革抱有坚定的信念。成人后的罗素是个坚定的无神论者。

作为一名和平主义者和反战活动家，罗素经常参与各类社会改革团体和反政府示威活动。20 世纪 20 年代以后，他在实际政治活动和政治写作方面投入了更多的精力。政治活动、社会活动和一系列恋爱事件是他此后几十年间的主要故事，在哲学领域的工作则相对减少了，但他撰写的比较通俗的哲学书籍使他在文化界、读书界更加知名。1950 年，罗素获得诺贝尔文学奖，以表彰其"多样且重要的作品，持续不断的追求人道主义理想和思想自由"。关于罗素的工作，诺贝尔奖官网上的介绍是："罗素在涉及逻辑和数学的哲学分支领域做出了开创性贡献。然而，他的著述领域涉足相当广阔。他的作品轻松幽默，同时又拓展了大众读者的科学和哲学知识。此外，他还就社会和道德问题写作，他的诸多立场常常引发争议。罗素一生倡导理性和人道主义，他是言论自由和思想自由的坚定捍卫者。"

在 20 世纪西方哲学家中，罗素是最早被介绍到中国的一位，也是中国读者最熟悉的一位。罗素在 1920 年至 1921 年间的访华，对中国知识分子产生了深远的影响。他的演讲和思想不仅在当时引起了轰动，也激发了学术界的广泛讨论。罗素的哲学思想，特别是他的实在主义知识论，对中国近现代哲学的发展产生了重要影响，这种影响在历史观、知识论、逻辑和方法论等诸多方面都有所体现。罗素的到来，使得中西之间的思想碰撞成为可能，新文化运动中的不同派别也因此进行了多次思想交锋与论辩。

罗素去世时，差两个月即满 98 岁，他结过四次婚，进过两次牢房，经历过很多社会政治事件，哲学家 A.C. 格雷林所写的《罗素》一书，开篇第一句话是"罗素活得很长，做了很多事"。不管从何种角度看，他的一生可说是漫长而丰富。

收入眼下这本罗素精选文集的 23 篇文章即是他在伦理学、教育学、文化领域的思考，这些文章主要着眼于四个主题，分别为：自由与幸福、教育与美好生活、伦理与道德、东西方文化比较。

文集取名为"我们还能获得幸福吗？"罗素一生都在探讨一个永恒的主题，那就是"什么是幸福"。罗素在哲学家、文学家、社会活动家背后的共同指向，即寻找幸福。在罗素所有广为引用的格言之中，传颂度最高的当数他在自传序言中关于

"我为什么而活"的一段话："有三种质朴而异常强烈的激情一直支配着我的生命：对爱的渴望、对知识的求索，以及对人类苦难的无限怜悯。"罗素的三种"激情"实际上都与幸福有关，这种幸福不仅仅与个人有关，更与全人类紧紧相连，罗素试图通过自己在多方面的努力来为在20世纪饱经创伤的人们找寻一种新生的可能。罗素对幸福的见解简明而又深邃，在简短精要的几句话之间就将追寻幸福的途径说得明明白白。

比起罗素在分析哲学尤其是数理逻辑领域的文著，这本文集所选文章通俗易懂，没有阅读门槛，对普通读者友好，更重要的是，四个主题与普罗大众当下的关切、兴趣相投，可以说是专为大众读者量身定制。罗素在自己长达近百年的一生中，真诚地追求真、善、美，爱被其视为一种价值理念，快乐与幸福被其视为一种最终价值追求。对生与死的坦然面对、对基本欲求的正向指引、对闲暇与自由生活的追求、对幸福人生的积极向往，都为当下的我们提供了精神养料和思考方向。谭新木和谭小平的译笔准确、流畅，不辜负原作。

清华大学在读博士 隐德莱希
2024年10月

目录
CONTENTS

第一部分　自由与幸福

一个自由人的崇拜 / 2

科学与幸福 / 15

我们还能获得幸福吗？ / 27

热忱 / 39

爱 / 53

爱情在人生中的位置 / 62

幸福的人 / 71

幸福之路 / 77

第二部分　教育与美好生活

论教育 / 86

教育的目的 / 105

教育需要自由还是权威？ / 134

情感与纪律 / 152

诚实 / 160

爱与同情 / 168

性教育 / 185

第三部分　伦理与道德

好与坏　/　198

道德规范　/　210

道德准则　/　217

美好的人生　/　227

第四部分　东西方文化比较

中国人的性格　/　238

中国与西方各国　/　252

中国与西方文明对比　/　267

东西方幸福观　/　281

附录　罗素生平著作大事年表　/　292

根本的幸福有赖于
对人和事物
充满善意的兴趣。

第一部分

自由与幸福

一个自由人的崇拜

在浮士德博士的书房，梅菲斯特向他讲述了上帝创世的历史。他说：

"天使唱诗班无休止的赞歌渐渐显出倦意；上帝想，难道我不是本来就值得他们赞美吗？我不是赐予了他们无尽欢乐吗？无功而获得赞扬，折磨他人反受被折磨的人崇拜，难道不是更有趣的事吗？他心下暗笑，决定要上演一场大戏。

"岁月悠悠，炽热的星云在太空中漫无目的地旋转。最终，它开始成形，行星被中心云团甩出并随之冷却，沸汽腾腾的海洋和熊熊燃烧的山脉起起伏伏，滚烫的雨水从黑云里倾盆而下，淹没了还不太坚硬的地壳。接着，第一个生命胚芽在海洋深处形成，在适宜的温暖环境中迅速发育成浩瀚的森林，硕大的蕨类植物从潮湿的霉菌中冒出，各类海洋怪物不断繁殖，相互搏斗吞食，最终归于死亡。

"随着这出戏的展开，从怪物中诞生了'人'，他拥有思考的能力、分辨善恶的知识和对崇拜的极度渴望。他看到，在这个疯狂可怕的世界里，万物都流逝不居，都在不惜一切代价，赶在死亡的无情法令执行之前奋力攫取生命中的短暂时刻。于是'人'说：'生命其实有一个秘而不宣的目的，如果我们能领悟，就会知道这个目的是好的；我们应该有所崇拜，但在可见的现实世界里，并没有可崇拜之物。'于是'人'不再参与争斗，他确信上帝寄希望于'人'的努力把这场混乱化为和谐。

"上帝将'人'的猛兽祖先的本能传给他，当他受到这种猎杀本能即所谓'原罪'的驱使时，就会请求上帝宽恕。除非'人'制订一个神圣计划以平息上帝的怒火，否则，上帝能否公正地宽恕他就值得怀疑了。看到眼下的境况如此糟糕，他索性将它变得更加恶劣，为的是将来可能会更好。他感谢上帝赐予的力量，使他能够放弃唾手可得的快乐。此时，上帝露出了微笑。上帝看到'人'在禁欲和崇拜这两个方面已臻于完美，就往天空又投送了一个太阳，将人类既有的太阳撞毁，于是所有的一切重新回归星云。

"'不错,'上帝低声自语道,'这确实是一出好戏,我还会让它重演。'"

大体来说,科学让我们相信的世界就是如此,只不过甚至更无目的、更无意义。在这个世界上,我们的理想必须寻找一个归宿,不管它在何处。人是各种起因的产物,而这些起因却无法预见自身的目的;人的起源与成长、希望与恐惧、爱心与信仰都不过是多个原子偶然的组合而已;任何似火的热情,任何英雄主义,任何深刻的思想和情感,都无法让个体生命不终结于坟墓;古往今来一切的努力,一切的奉献,一切的灵感,一切人类天才的熠熠光辉,都注定要随着太阳系的永恒毁灭而消亡,整个人类成就的殿堂必然被埋在宇宙废墟的碎片之下。

上述所有这些,即使不是无可争议,也几乎确定无疑,任何否定这些结论的哲学都没有立足的希望。只有在这些真理的脚手架内,只有在彻底抛弃妄想的坚实基础上,才能安全地建造灵魂的居所。

在这样一个陌生而无情的世界中,像人类这样无能为力的生物怎样才能坚守自己的抱负呢?一个奇怪的谜团是,无所不能但漫无目的的大自然,在太空的深渊中匆匆运转,不断演进,却最终孕育出一个孩子。这个孩子仍然受制于大自然的力量,但他生来就被赋予了智慧,具备分辨善恶的知识,并有能力去评判他那不会思考的母亲所做的一切。尽管面对死亡——这是父母控制权的标志和印记,但在短暂的生命岁月里,人仍然可以自由地审视、批评、求知,自由地运用想象力进行创造。在他所熟悉的世界里,这种自由只属于他一个人;在这一点上,他超越了控制他外在生活的不可抗拒的力量。

野蛮人和我们一样,在大自然的力量面前感受到自己无能为力的压迫感;但在他心里,没有什么比权力更值得尊重,他愿意俯伏在他的神面前,而不去询问他们是否值得他崇拜。可悲又可怕的是,人类经历了漫长的暴行、酷刑、堕落和活祭的历史,以安抚嫉妒的众神。当然,战战兢兢的信徒认为,当他们无偿献上最珍贵的东西时,众神对鲜血的欲望必定会得到满足,以后便不会再索取。摩洛克教[1]——可用来统称所有持有类似信条的宗教——本质上反映了奴隶的怯懦臣服,他们甚至在内心都不敢存有主人不值得奉承的念头。

由于理想的独立性尚未得到承认,权力可能会受到随意崇拜并得到无限尊重,不管权力的肆虐造成多大的痛苦。但是,随着人们的道德勇气越来越大,他们开始感受到需要一个理想

---

[1] 摩洛克是迦南地区闪族人的神,代表闪族人对自然灾害的恐惧,因当地曾有将孩童烧死献祭的习俗,故摩洛克也被称为"火神"或"邪神"。这种信仰,被称为摩洛克教。(本书注释均为译者注。)

世界；哪怕无法完全停止崇拜，也必须将崇拜对象转向另外一种神，而不是野蛮人创造的神。有些人虽然感觉到了对理想世界的需求，但仍然会有意识地拒绝这种需求，继续敦促人们相信赤裸裸的力量值得崇拜。这就是上帝在旋风中回答约伯时所灌输的态度：对神圣的力量和知识大加炫耀，对神圣的善良却没有给予任何暗示。这也是我们这个时代有些人的态度，他们将道德建立在生存斗争的基础上，坚信幸存者必然是最适于生存者。

另一些人不满足于这个就道德感来说如此令人厌恶的答案，他们坚持认为，现实世界与理想世界之间存在某种隐蔽的和谐。这种态度逐步被我们视为一种特别的宗教。按照这种观点，是人类创造了全能全善的上帝，它是现实和理想的神秘统一体。

但事实上，现实世界毕竟并不理想。在我们对其进行判断时，必须清除思想中的奴性成分。因为在所有事情上，尽最大可能将人从非人力量的暴政中解放出来，提升人的尊严，都善莫大焉。当我们认识到权力在很大程度上是坏的，能分辨善恶的人在一个善恶不分的世界里只是一个无助的原子时，我们将再次面临选择：应当崇拜武力，还是崇拜善良？我们的上帝存在并是邪恶的，还是应当被看作是我们自己良心的创造物？

这个问题的答案非常重要，它深刻地影响着我们的整个道德。卡莱尔、尼采和军国主义信条已经使我们习惯了对强力的崇拜，这是我们未能在充满敌意的宇宙中保持自己理想的结果：对强力的崇拜本身就是对邪恶的俯首屈服，是我们将最大的价值献祭给了摩洛克教。如果力量确实值得尊重，那么让我们尊重那些拒绝接受"错误认知"的人的力量，他们没能认识到现实往往是坏的。

让我们承认，在我们已知的世界，许多事情如果不像现在这样可能会更好，我们所践行和坚持的理想在现实领域还没有实现。让我们保持对真理的尊重，对美的尊重和对完美理想的尊重，虽然生活不允许我们获得它们，虽然它们没有得到这个浑浑噩噩的世界的认同。

如果权力是坏的——它看上去也确实如此，那就让我们从心底拒绝它。人类真正的自由根植于此，即决心只崇拜我们用对美德的热爱之心创造出来的上帝，决心只尊重能启发我们去洞察最美好时刻的上苍。在行动中，在欲望上，我们不得不永远屈服于外界力量；但在思想上，在愿望上，我们却拥有自由，不受同胞的束缚，不受所在的这颗小小星球的约束，尽管我们的躯体只能在它上面笨拙蠕动。我们甚至在活着的时候也不受死神的约束。那么，让我们学习信仰的力量，它使我们能够不断地生活在美好的愿景中，使我们在行动上融入现实，让那个愿景在前面引领我们。

当现实开始充分显现出和理想的对立时，一种强烈的反抗精神，即对众神的强烈仇恨，似乎成为主张自由的必要之举。以普罗米修斯的坚韧精神去与一个充满敌意的宇宙抗争，始终关注并痛恨它的邪恶，不逃避权力恶意施加的任何痛苦，这似乎应该是所有不向命运屈服的人的责任。但愤怒仍然是一种束缚，因为它迫使我们的思想被邪恶的世界占据；反叛的强烈欲望中有一种自以为是的成分，这是智者必须克服的。愤怒表明我们的思想被外力所控制，我们的欲望却未被约束；蕴含智慧的斯多葛式自由来自我们对欲望的控制，而不是对思想的控制。从对欲望的控制中产生了淡然无求的美德；从思想的自由中产生了整个艺术和哲学世界，以及对美的憧憬，使我们最终在差不多一半的程度上征服了这个存有敌意的世界。只有不受约束的沉思，不带贪念重负的思想，才有可能看到美的前景；自由只会降临到那些不再要求生活为他们带来私利的人身上，因为这些私利会随着时间消逝。

尽管克制自我的必要性是邪恶存在的证明，但基督教在宣扬这一点时，却表现出了超越普罗米修斯反抗哲学的智慧。我们必须承认，在我们渴望的东西中，有些虽然不可能得到，却是真正的善；有些被热切渴望的事物，却并不属于纯洁的理想。"凡需抛弃的，必是有害的"，这一信条尽管有时并不准确，但与未经驯服的激情相比，它反倒更为真实。而宗教提供了一个理由来证明这个信条从不虚假，它通过发现许多严肃刻板的真理来净化我们的理想。

放弃欲念还有另一个好处：哪怕是真正的好东西，当它们无法被获得时，我们就不应该焦急地渴望得到。每个人迟早都要面临终极禁欲[1]。对于年轻人来说，没有什么是无法获得的；在他们看来，一件热切渴望但不可能实现的好事是不可信的。然而，在目睹了死亡、疾病、贫穷后，在听到了责任感的召唤后，我们每个人都必须认识到，世界并不是为我们创造的，无论我们渴望的东西多么美丽，命运都可能禁止我们得到它们。当不幸来临时，坦然接纳而不因希望破灭大发牢骚，让我们的思想摆脱徒劳无益的后悔自责，是勇气的体现。这种对力量的服从不仅是公正和正确的，而且正是智慧之门。

但是被动地放弃并不是智慧的全部；因为只是放弃的话，并不能建造出一座用来崇拜我们自己理想的殿堂。这座殿堂萦绕不去的影子出现在想象中，出现在音乐与建筑中，出现在安静的理性王国，出现在犹如金色夕阳般魔幻的抒情诗中。在这些领域，美发出熠熠光辉，远离悲伤的触碰，远离对变化的恐惧，远离现实世界的失败和幻灭。在对这些事物的沉思中，天堂的景象将在我们心中呈现，给我们一块试金石来判断我们周围的世界，并启发我们塑造我们的需要，放弃那些不能作为圣

---

[1] 指死亡。

殿石料的不合适的需求。

除了那些生来没有罪恶的罕见灵魂，在进入圣殿之前，还有一个黑暗的洞穴需要穿越。洞穴的大门是绝望，地面铺着被遗弃的希望的墓碑。在那里，自我必须死亡；在那里，不受节制的贪求必须被根除。只有这样，灵魂才能从命运的帝国中解放出来。穿过洞穴便来到禁欲之门，它再次通向智慧的曙光，它的光芒中放射出新的洞察力、新的欢乐、新的柔情，愉悦了朝圣者的心灵。

当我们摆脱了无力反抗的痛苦，学会屈服于外在命运的规则，认识到非人格化的宇宙不值得我们崇拜时，我们就终于有可能改造和重构无意识的宇宙，动用想象的熔炉，用一个金光闪闪的新形象取代昔日的泥塑偶像。在树木、山脉和云朵的形状中，在人类的日常生活中，甚至在万能的死神的力量中，富有创造性的理想主义的洞察力在世界各种各样的事实中看到了美的反射之光；正是理想主义首先创造了美。如此，人的头脑获得了对无思想的大自然的微妙控制。交手的对象越邪恶，就越能挫败未经驯化的欲望，越能诱导顽石开启、露出隐藏的宝藏，越能自豪地迫使对手为自己的胜利举行盛大庆典。

在所有艺术中，悲剧是最自豪、最成功的；因为它在敌国的最中心，在敌国的最高峰上建造了光辉的堡垒；从它牢不可破的望台上，可以看到它的营地和军火库，它的纵队和堡垒；

在它的围墙内，自由的生活在继续，而死亡、痛苦和绝望组成的军团，以及命运这个暴君的所有奴仆首领，只不过为这座无畏城市的居民带来了新的美丽景象。幸福啊，神圣的城堡；无上的快乐啊，那些生活在一览无余的高峰上的居民！向那些勇敢的战士致敬，他们经历了无数年代的战争，为我们保存了珍贵的自由，保护了不被亵渎的入侵者玷污的家园。

悲剧之美让人们看到一种品质，这种品质或多或少明显存在于生活中的各个方面。在死亡的景象中，在无法忍受的痛苦中，在不可挽回的时光流逝中，有一种神圣感，一种压倒一切的敬畏，一种面对世界的浩瀚、深邃和无尽而生出的神秘感；在这种感觉中，就像某种奇怪的痛苦婚姻一样，受难者通过悲伤的纽带与世界联系在一起。

在这些顿悟的时刻，我们会失去所有对一时欲望的渴求，失去所有为琐碎目的而钩心斗角的动力，而从表面来看，正是这些琐碎小事构成了人类的日常生活；我们看到，我们乘坐的狭窄木筏闪烁着人类友谊的光芒，在无际的黑暗海洋上短暂地颠簸，黑夜里寒风袭来，冲击着我们的避难所；我们看到，人类面对敌意的力量，所有的孤独感都集中于个人的灵魂，它们必须独自奋斗，以所有勇气对抗一个对其希望和恐惧毫不关心的宇宙的全部力量。

在这场与黑暗力量的斗争中，胜利乃是对光荣的英雄们的真正洗礼，是对人类存在之美的初次领悟。从灵魂与外部世界的惨烈争斗中，解脱、智慧和仁爱诞生了；而随着它们的出现，新的生命开始了。把这些不可抗拒的力量——死亡和变化，过去的不可逆转，以及人类在宇宙从虚荣到虚荣的盲目奔涌面前的无能为力——带入灵魂的最深处，去感受和认识这些事物，就是征服它们。

这就是为什么过去具有如此神奇的力量。它静止无声的画面之美，宛如深秋迷人的纯净，尽管轻吹一口气树叶就会掉落，但它们仍然在天空中闪耀着金色光辉。过去不会改变，不会争斗；像邓肯一样，在经历了断断续续的人生狂热之后，它沉沉入睡；曾经渴望的和要攫取的，曾经渺小的和短暂的，都已消逝，只有那些美丽而永恒的东西，像夜空中的星星一样闪耀。过去的美丽，对于一个不配拥有它的灵魂来说，是无法忍受的；而对于一个战胜了命运的灵魂来说，则是打开宗教大门的钥匙。

表面上看，人的生命与自然力相比微不足道。奴隶注定要崇拜时间、命运和死亡，因为它们比他在自己身上发现的任何东西都要强大，因为他所有的思想都围绕着终将被它们吞噬的事物。不过，尽管时间、命运和死亡如此强大，但能够深刻地思考它们、感受它们无情的光辉却更为伟大。这样的思考使我们成为自由人；我们不再在不可抗拒的力量面前像东方人一样屈膝臣服，而是吸收它，使它成为我们自己的一部分。

放弃只为个人幸福而奋斗，驱除所有对一时之欲的渴求，点燃对永恒事物的激情，这是一种解放，这就是自由人的崇拜。通过对命运的沉思，这种解放得以实现；因为一个没有任何杂念需要留待时间之火去清除净化的心灵，是可以征服命运的。

自由人与他的同胞们通过共同命运这个最牢固的纽带团结在一起，他发现一种新的愿景永远伴随着他，在每一项日常事务中都洒下爱的光芒。人的一生是一场长途跋涉，夜以继日，被看不见的敌人包围，被疲惫和痛苦折磨，向着一个几乎无人奢望能达到、也无人能够久留的目标前进。在旅途中，我们的同伴一个接一个地从视线中消失，被无所不能的死亡的无声命令召去。我们可以帮助他们的时间非常短暂，能决定他们幸福或痛苦的时间也非常短暂。让我们为他们前进的道路洒下阳光，用同情的香膏来减轻他们的悲伤，用永不疲倦的爱心给他们带去纯粹的快乐，在他们勇气消退时为他们鼓劲，在他们绝望的时刻向他们灌输信念。让我们不要勉强去衡量他们的优点和缺点，而只考虑他们的所需——考虑给他们生活带来痛苦的悲伤、困难，以及可能存在的茫然无措；让我们记住，他们是同一片黑暗中的受难者，是同一个悲剧中的演员。因此，当他们到达时日的尽头，当他们的善恶因成为过去而化为永恒时，我们会感到，无论他们曾在哪里受苦，在哪里失败，都并非由我们的作为引起；相反，无论他们心中的神圣之火曾在哪里点燃，我们都曾给予他们鼓励和同情，并用言语激发他们的勇气。

  人的生命短暂而脆弱，死亡必将缓慢地降临到他和他所有同胞身上，它无情而黑暗，无视善恶，睥睨一切，以无所不能的力量冷酷地伴随着人生的旅程。人注定要今天失去至亲好友，明天自己也要穿过那道黑暗之门。因此，在灾祸降临之前，珍惜那些崇高的思想吧，它能使平凡的日子变得高尚；蔑视命运之奴的怯懦恐惧吧，在自己亲手建造的神龛上敬拜；淡然面对命运的主宰吧，让心灵超脱于外在生活暴君的奴役；高傲地藐视那不可抗拒的力量吧——这些力量有时也能容忍人的知识及对它的谴责；独自坚持做一个疲惫但不屈的擎天巨神，维护你所创造出来的世界，这个世界，是人用自己的理想不顾无意识力量的肆意践踏而创造出来的。

（发表于 1903 年，之后收录于《神秘主义与逻辑》，1917 年出版）

科学与幸福

卫道士志在改善人们的行为。考虑到人的行为通常极为不堪，我认为这份雄心值得称赞。但我并不赞赏他们具体的改善目标，以及为实现这些目标而采取的方法。他们采取的方法表面是进行道德劝诫，真正的方法（如果他是正统派的话）是实施一套经济奖惩措施。前者产生不了任何永久或重要的影响，自萨沃纳罗拉[1]以降，复兴派的影响都非常短暂。后者，即奖惩措施的影响则相当大。例如，它们会促使男人更愿意临时召妓，而不是养固定的情妇，因为有必要采取最隐蔽的方法偷情。这样一来，从事妓女这个危险行业的人数居高不下，性病因此流行。这些并不是卫道士们想要达到的目标，但他们太不懂科学，

---

1 15世纪佛罗伦萨宗教改革家，反对文艺复兴，以布道严厉著称。

根本注意不到这些是他们的措施会导致的实际结果。

那么,有没有更好的东西可以取代这种说教和贿赂相结合的不科学的方法?我认为是有的。

人们的有害行为要么出于无知,要么出于不良的欲望。从社会角度来看,"不良欲望"可以定义为:那些总是阻碍他人欲望得以实现的欲望。或者更准确地说,那些对他人欲望构成更多阻碍而不是帮助的欲望。没有必要纠缠于无知带来的危害;在这方面,我们只需要获得更多的知识,因此改进的道路在于进行更多的研究和更多的教育。而由不良欲望产生的危害是一个更难解决的问题。

普通的男女都在一定程度上怀有主观的恶意,包括针对特定敌人的特定恶意,也包括对他人一般性的幸灾乐祸心理。人们习惯于用漂亮的措辞来掩盖恶意,大约一半的传统道德规范是它的外衣。如果卫道士要实现改善我们行为的目标,就必须正视这一点。人们的恶意可以有上千种大大小小的表现方式:体现在反复制造丑闻和相信别人丑闻的快乐中;体现在对待罪犯的不友善中——尽管有明确的证据表明,更好的待遇会更有效地改造他们;体现在所有白人对待黑人那种难以置信的野蛮行径中;也体现在战争期间,老太太和牧师向年轻人指出服兵役的责任时那股热情劲上。甚至儿童也可能成为肆意虐待的对象:《大卫·科波菲尔》和《雾都孤儿》绝不是虚构的。这种主观的恶意是人性中最恶劣的品质，如果世界要变得更幸福，就必须改变它。也许在导致战争的诸多因素中，这个因素的影响比所有经济和政治因素加起来都要大。

我们该如何着手防止恶意的产生呢？首先，让我们试着了解恶意产生的根源。我认为，恶意的根源部分是社会性的，部分是生理性的。和以往任何时代一样，现在的世界建立在你死我活的竞争基础上。在第一次世界大战中，人们面临的问题是德国或同盟国的儿童该不该死于物资匮乏和饥饿。（若不是双方都怀有恶意，没有任何理由能证明他们的儿童不该活着。）大多数人内心深处都有一种挥之不去的对毁灭的恐惧，对有孩子的人来说尤其如此。富人担心布尔什维克会没收他们的投资，穷人担心他们会失去工作或健康。每个人都在疯狂地追求"安全"，并认为实现这个目标的办法就是让潜在的敌人屈服。正是在恐慌时刻，暴行最为普遍和恶劣。各地的反动派都在激发恐惧：英国人害怕布尔什维克主义，法国人害怕德国人，德国人害怕法国人。激发恐惧的唯一后果是人们希望避免的危险反而增加了。

因此，如何战胜恐惧，必须成为讲求科学的卫道士着重关注的问题之一。可以采取两种办法：加强安全和培养勇气。我说的恐惧是一种非理性的激情，而不是对可能发生的不幸进行理性预测。当剧院失火时，理性的人和惊慌失措的人一样清楚地预见到灾难,但理性的人采取的方法可能减少灾难,惊慌失措者则会造成更大灾难。自1914年以来,欧洲人就像着火的剧院里惊慌失措的观众;我们需要的是冷静,以及关于如何在逃生时不将别人踩成碎片的权威说明。维多利亚时代尽管存在种种骗术,却是一个快速发展的时期,因为那时的人们受希望而不是恐惧支配。如果我们要再次取得进步,必须再次受希望支配。

任何增加总体安全的手段都能减少暴行。这个做法适用于预防战争,无论是通过成立国际联盟还是其他方式;适用于防止贫困;适用于通过改进医药、加强卫生习惯和环境卫生来改善健康;适用于其他能减轻潜藏在人类头脑深处的恐惧的各种方法——这种恐惧会使人们睡觉时噩梦连连。但是,若想以牺牲一部分人为代价来确保另一部分人的安全——牺牲德国人以保全法国人,牺牲工薪阶层以保全资本家,牺牲黄种人以保全白种人——则将一无所获。这种方法只会增加统治集团的恐惧,担心被压迫者的怨恨引发叛乱。只有公平才能带来安全;所谓"公平",意指承认所有人的要求是平等的。

不过,除了通过社会变革增强安全外,还有一种更直接的方法可以减少恐惧,那就是设法增强人们的勇气。由于勇气在战场上至关重要,人们很早就发现了可以通过教育和饮食来提高勇气。例如,吃人肉曾被认为有助于增强勇气。但是军事勇气是统治阶层的特权：人们认为斯巴达人的勇气应该比希洛人的多，英国军官的比印度士兵的多，男人的比女人的多，等等。几个世纪以来，勇气一直被视为贵族的特权。统治阶级每增加一分勇气，被压迫者的负担就又增一分，从而使统治者又增加了恐惧的理由，残暴行为的根源因而丝毫没有减损。勇气必须先民主化，才能使人们的思想和行为更加人道。

在很大程度上，最近的一些事件已经使勇气得以民主化。英美的妇女争取选举权表明，她们和最勇敢的男性一样有勇气；这次示威对她们赢得投票权至关重要。一战中的普通士兵需要与上尉或中尉有一样多的勇气，比将军更需要勇气；这使他们复员后少了一些奴性。布尔什维克自称是无产阶级的拥护者，不管别人怎么说他们，他们并不缺乏勇气；他们在革命前的作为证明了这一点。在日本，以前最有军事热情的是武士，但征兵使所有男性都产生了获得勇气的动机。因此，在过去的半个世纪里，所有大国都做了大量工作，使勇气不再是贵族垄断的品质；若非如此，民主制度面临的威胁将远大于现在。

但是，战场上的勇敢绝不是勇气的唯一表现形式，甚至可能不是最重要的表现形式。能直面贫穷是勇气，能面对嘲笑是勇气，能面对自己群体的敌意也是勇气。在这些方面，最勇敢的士兵往往可悲地缺乏勇气。最重要的是，面对危险能冷静理性地思考，并控制恐慌性恐惧或暴力的冲动，这些也是勇气的体现。当然，教育能为获得这些能力提供帮助。拥有良好的健康、强壮的体格和充足的营养，能自由发挥基本的生命动力，会让每种勇气的教育变得更容易。通过比较猫和兔子的血液，也许可以发现勇气的生理来源。毋庸置疑，科学在增加勇气方面能发挥的作用是没有止境的，例如，体验危险、热爱运动和适当饮食。上流社会的男孩在很大程度上享受这些活动，不过它们主要是富人的特权。到现在为止，在较贫困地区受到鼓励的勇气是服从命令的勇气，而不是那种需要主动性和领导力的勇气。当那些能赋予一个人领导力的品质变得普遍时，将不再有领导者和追随者之分，民主将最终实现。

但恐惧并不是恶意的唯一来源，妒羡和失望也是。众所周知，跛子和驼背的妒羡之心是恶意的来源，其他不幸的事情也会产生类似结果。性生活受挫的男人或女人容易充满妒羡，通常表现为对性生活更幸运的人进行道德谴责。革命运动的大部分动力来自对富人的妒羡。当然，吃醋是妒羡的一种特殊形式——对爱的妒羡。老人常常妒羡年轻人，每当如此，他们往往残忍地对待年轻人。

据我所知，除了让妒羡者的生活更幸福、更充实，并在年轻人中鼓励集体合作而不是竞争的观念，没有其他好办法可以消除妒羡。最糟糕的妒羡形式是那些在婚姻生活、子女或职业方面有缺憾的人所怀的妒羡之心。在大多数情况下，这类不幸可以通过建立更好的社会机制来避免。但必须承认，妒羡的余毒很可能仍然存在。历史上有很多这样的例子：将军们彼此嫉妒，他们宁愿被打败也不愿看到对方的声誉上升。同一政党的两位政治家，或同一学派的两位艺术家，几乎大概率会相互嫉妒。在这种情况下，除了尽可能做好安排，让每个竞争者都不能伤害对方、并且只能凭借自己的长处获胜外，似乎什么也做不了。艺术家对竞争对手的嫉妒通常没有什么害处，因为放纵嫉妒之情唯一有效的方法是创造出比竞争对手更好的作品，因为他无法破坏对手的作品。当妒羡不可避免时，它必须被用来激励自己做出努力，而不是为对手设置阻碍。

科学增加人类幸福的可能性，并不局限于减少那些因会导致失败而被视为"不良"的人性方面。在培养具有积极性的卓越能力上，科学能发挥的作用可能也没有止境。健康状况已经大大改善；尽管那些将过去理想化的人哀叹不已，但与18世纪的任何阶级或国家相比，现在我们寿命更长、疾病更少。再多运用一下我们已经掌握的知识，我们可能会比现在还要健康得多。未来的发现可能会大大加速这一进程。

到目前为止，自然科学对我们的生活影响最大；但在未来，生理学和心理学可能会比自然科学发挥更大的作用。一旦我们揭示了性格是如何依赖于生理条件的，那么只要我们愿意，就能创造出更多具备我们所敬佩品质的人。智力、艺术能力、仁爱之心——所有这些无疑都可以通过科学手段来提高。如果人们能够明智地使用科学技术，那么我们几乎能做到任何事情，以创造一个美好的世界。我在别的章节中表达过我的担忧，即人们可能无法明智地利用他们从科学中获得的力量。现在我关注的是人们如果愿意的话可以做些什么有益的事情，而不是他们是否愿意选择去做坏事。

对科学在人类生活中的应用，人们持有各种态度。有一种态度我虽部分支持，但总的来说还是不赞同，就是那种对一切"不自然"的事物感到担心的态度。当然，卢梭是这一观点在欧洲的主要倡导者。在亚洲，老子更具说服力地阐述了这一点，而且比卢梭早了2000多年。我认为，对"自然"的崇拜混杂了真理与谬误，厘清这一点很重要。首先，什么是"合乎自然"？粗略地说，在卢梭和老子看来，他们在童年时习惯了的一切都"合乎自然"。老子反对马路、马车和船只，这些东西在他出生的村子里可能都没人听说过。卢梭已经习惯了这些东西，并不认为它们违背了自然。但如果他活着看到铁路的话，无疑会大发雷霆。穿衣、做饭渊源久远，大多数自然的信徒都不会予以谴责，不过他们都反对人们在这两件事情上玩出新花样。禁欲的人认为节育是邪恶的；禁欲在古老的年代被视为违背自然，而节育是新出现的违背自然的行为。在所有这些方面，那些倡导"自然"的人态度前后矛盾，人们很容易只把他们当作保守派看待。

不过,我还是要为他们说点好话。以维生素为例,维生素发现后,引起了人们对"自然"食品的反感。似乎维生素可以通过鱼肝油和电灯光补充,而这两者肯定不属于人类的"自然"饮食。这个例子说明,在缺乏知识的情况下,背离自然的新事物可能会造成意想不到的伤害;但是,当人们理解这种危害后,通常可以通过一些新的人为措施来补救。我认为,就我们的物质环境和满足欲望的物质手段而言,"合乎自然"的教义,除了说明我们在接受新事物时要重视一些注意事项之外,并没有证明任何东西。例如,穿衣是违背自然的,如果我们不想让衣服带来疾病的话,还需要辅以另一种不"合乎自然"的做法,就是洗衣。但这两种做法结合在一起,使我们比既不穿衣、也不洗衣的野蛮人更健康。

在人类愿望的方面,支持"自然"理念的理由要多一些。强迫男人、女人或孩子过一种阻碍他们最强烈冲动的生活,既残忍又危险;从这个意义上说,顺其"自然"地生活值得称道,但有一些附带条件。没有什么比地下电气铁路更具人造特征,但当孩子乘坐地铁旅行时,他的天性不会受到任何破坏;相反,几乎所有的孩子都觉得很愉快。在其他条件相同的情况下,能满足普通人愿望的人造事物是有益的。

但是,有的生活方式是被权威强加的,或出于经济上的需要而被迫选择的,这样的生活方式可以说是人为的生活方式;这种生活方式没有什么值得说的。毫无疑问,目前这种生活方式从某种程度上来说是必要的;正如轮船上没有司炉,远洋旅行将变得非常困难。但这种必要性令人遗憾,我们应该寻找避免它们的方法。一定量的工作不值得抱怨;事实上,在绝大多数的情况下,适量的工作比完全无所事事更令人快乐。但是,目前大多数人必须承担的工作量与从事的工作性质极其有害,尤其是他们被终身束缚在例行事物中。生活不应该受到太严苛的管理或太过刻板;只要我们的冲动不会对他人造成明确的破坏或伤害,就应该尽量让其得以自由发挥;应该有冒险的空间。我们应该尊重人性,因为我们的冲动和愿望是创造幸福的源泉。将抽象的"好"东西给予别人毫无用处;如果希望增加他们的幸福感,我们必须给他们想要或需要的东西。科学可能会迟早塑造我们的愿望,使之不会像现在这样与他人的愿望发生冲突,这样我们就能比现在满足更多的愿望。从这个意义上说,也只有从这个意义上来说,我们的愿望已变得"更好"。单独来看,一个愿望并不比任何其他愿望更好,也不比任何其他愿望更坏;但是,如果一组愿望能同时得到满足,而另一组愿望相互冲突,那就可以说前一组愿望比后一组要好。这解释了为什么说爱要胜于恨。

敬畏客观自然是愚蠢的;我们应该研究客观自然,着眼于使它尽可能服务于人类的目的，但它自身从伦理上说无所谓好坏。在自然和人性相互作用的方面，例如在人口问题上，我们没有必要在自然面前双手合十，消极崇拜，接受战争、瘟疫和饥荒作为解决过度生育问题的唯一可能手段。神学家们说：在过度生育这个问题上，将科学应用于问题的客观方面是邪恶的；（他们说）我们必须将道德应用于人的方面，实行节欲。实际上，每个人，包括神学家在内，都知道他们的建议不会被采纳；除此之外，为什么通过物理手段阻止怀孕来解决人口问题是邪恶的呢？除了用一个基于过时教条的理由来搪塞，他们无法回答。

很明显，神学家所鼓吹的教义冒犯自然的程度至少不比节育的冒犯程度低。神学家更乐于倡导人们冒犯人类的天性，他们的教义若果真得以切实履行，将导致人们不快乐、妒羡、获得迫害倾向，并常常陷入疯狂。我更愿意人们像使用蒸汽机或甚至像使用雨伞那样去"冒犯"自然。这个例子说明，我们应该遵循的"自然"原则，其应用是多么模棱两可、没有确定性。

自然，甚至人类天性，将越来越不再是一个绝对的基准，将越来越成为科学技术塑造的产物。如果科学愿意的话，它可以赋予我们的子孙后代知识、自制力和能创造和谐而非冲突的性格，让他们过上美好的生活。但目前，它正在教导我们的孩子互相残杀，因为许多科学家愿意牺牲人类的未来以换取他们自己一时的发达。但是，一旦人们获得了对自己激情的支配力，能够像支配外部世界客观力量那样去支配激情，这一阶段就会过去。那时候，我们终将赢得自由。

(选自《自由之路》，1932年出版)

我们还能获得幸福吗？

从一些朋友间的交谈和书籍中，我差点得出结论：幸福在现代世界是不可能的事。但我发现，通过反省、到国外旅行或与我家的园丁交谈，我的这个观点往往就会烟消云散。之前，我谈到了那些文学界朋友的不幸福；在本章中，我想对我一生中遇到的幸福的人做一番考察。

幸福大体可以分成两类，当然，也有的介于两者之间。这两类可以区分为：平凡的幸福与幻想的幸福、肉体的幸福和精神的幸福、心灵的幸福和头脑的幸福。当然，要确定某种幸福属于哪一类，取决于有待证明的论点。我现在不想证明任何论点，只想对其加以描述。要描述这两种幸福之间的区别，或许最简单的方法是说，一种幸福人人都能获得，另一种只有能读会写的人才能获得。我还是个孩子的时候，认识一个以打井为生、幸福感满满的人。他身材挺拔，肌肉发达，但目不识丁。1885年他拿到一张国会选票，才第一次知道有国会这么一个机构存在。他的幸福不是依赖于他的智力，不是基于信仰自然法则、物种的完美性、公共事业的公有制或基督复临，也不是基于信仰知识分子眼中享受生活所必需的任何信条；他的幸福来自充沛的体力、充足的工作机会，以及克服凿石掘井中遇到的并非不可克服的困难。我家园丁的幸福属于同一类。他发动了一场针对野兔的长年累月的战争，他提起野兔时的口气就像伦敦警察厅提到布尔什维克分子一样；他认为它们邪恶、阴险、凶猛，只能用同样狡猾的手段来对付。在北欧神话中，英灵神殿的英雄们每天都猎杀野猪，可他们晚上猎杀的野猪在第二天早上又奇迹般地复活。像他们一样，我的园丁每天杀死几个敌人，但不用担心敌人第二天会消失。虽然他年逾七旬，整天忙碌，骑自行车往返16英里的山路，但他快乐的源泉取之不尽，那就是"它们这些兔崽子"。

但你会说，这些简单的快乐对我们上层人士来说是得不到的。向兔子这样弱小的生物发动战争有何快乐可言？在我看来，这个反驳难以成立。兔子体形可比黄热病杆菌大得多，但上层人士却能从与后者的战争中找到快乐。从情感满足这个角度来看，类似我园丁的快乐，大多数受过高等教育的人也可以享受到。教育程度的差异体现在带来快乐的事情不同。必须克服一定困难后取得的成功才能带来快乐；尽管最终还是成功了，但这些困难使人在动手之前对能否成功没有把握。这也许就是不过高估计自己的力量是幸福之源的主要原因。低估自己的人总是对成功感到惊讶，而高估自己的人经常对失败感到惊讶。前一种意外令人愉悦，后一种令人不快。因此，明智的做法是不要过于自负，不过也不要因过于谦虚而失去进取心。

当今社会中受教育程度较高的那部分人中，最幸福的是科学工作者。他们中许多最杰出的人在情绪上很简单，从工作中获得的满足感是如此深刻，以至于他们可以从吃饭甚至结婚这样的俗事中获得快乐。艺术家和文学家认为他们的婚姻不幸福是理所当然的，科学界的人却往往仍然能够享受老式的家庭之乐。这是因为，后者把出色的智力完全用于工作中，不允许它闯入毫无用武之地的领域。他们在工作中感到快乐，因为在现代世界科学日益进步和强大，也因为无论是他们自己还是外行，所有人对科学的重要性都毫不怀疑。因此，既然简单的情绪不会给他们带来障碍，他们就不需要复杂的情绪。复杂的情绪就像河里的泡沫，只有在平稳的水流遇到障碍时才会产生。但只要生命活力不受阻碍，它们就不会在表面上产生涟漪，它们的力量在不留心的人看来并不明显。

取得幸福的所有条件，在科学家的生活中都能得以满足。他从事的事业使他的才能得以充分发挥，他取得的成果不仅在他自己看来重要,在公众看来也很重要,哪怕他们丝毫不理解这些成果。在这方面,他比艺术家更幸运。当公众无法理解一幅画或一首诗时,他们就会断定画或诗很糟糕;而当他们无法理解相对论,他们会(正确地)断定是自己受教育程度不够。因此,爱因斯坦受到尊重,而最好的画家则在阁楼里挨饿;爱因斯坦感到快乐,而画家失意落魄。

如果一个人在生活中需要不断面对大众的怀疑,需要不断以对抗的姿态坚持己见,那么他将很少能真正感到快乐,除非他把自己关在一个小圈子里,忘记冷酷的外部世界。从事科学的人不需要小圈子,因为除了他的同事之外,每个人都在说他的好。相反,艺术家处于痛苦的境地,必须选择是受人鄙视,还是成为可鄙之人。如果他具备一流的实力,他必然招致非此即彼的不幸——如果他发挥自己的实力,就会受人鄙视;如果不发挥实力,也会成为可鄙之人。不过并非任何时候、任何地方都是如此。在有些时代,优秀的艺术家,哪怕年纪轻轻也会受到青睐。尽管教皇尤里乌斯二世可能会折磨米开朗琪罗,但他从不认为他不会画画。现代的百万富翁,虽然可能会在江郎才尽的年老艺术家身上一掷千金,但从来不会觉得他们的工作比他自己的重要。艺术家通常不如科学家快乐,或许与这样的情形有关。

我认为必须承认的是,西方国家最聪明的年轻人,往往因为自己的才华找不到用武之地而感到不快乐。而东方国家的情形并非如此。如今，俄罗斯聪明的年轻人可能比世界上其他任何地方聪明的年轻人都要快乐。一个新的世界等待他们去创造，而他们也满怀创造新世界的热忱信念。旧势力的人被处决、饿死、流放或以其他方式被消灭，因此他们不能像在所有西方国家一样，迫使年轻人要么去干坏事，要么无所事事。在头脑精明的西方人看来，年轻俄罗斯人的信仰可能显得幼稚粗糙，但这有什么可指责的呢？他们正在创造一个新世界，而且是他们向往的新世界；几乎可以肯定的是，新世界一旦建立，将使普通俄罗斯人比革命前更幸福。这可能不是一个让成熟的西方知识分子感到快乐的世界，但他们不必生活在这个世界啊。因此，任何实用主义的检验都表明，俄罗斯年轻人的信仰是正当的，除非有理论依据，否则，谴责它粗糙是没有道理的。

在印度、中国和日本，政治上的外部情形干扰了年轻知识分子的幸福，但他们不像西方国家那样面临内部障碍。他们可以找到在年轻人看来很重要的事业，这些事业的成功会给他们带来幸福感。他们觉得自己在国家生活中扮演着重要角色，他们的行动有追求的目标——虽然困难，但并非不可实现。在西方，受教育程度最高的年轻男女普遍愤世嫉俗，这是他们的舒适感与无力感结合的产物。无力感让人觉得什么都不值得做，而舒适感让这种痛苦的感觉可以被忍受。整个东方的大学生比现代西方的大学生更能影响公众舆论，但与西方相比，他们获得可观收入的机会要少得多。由于他们既不是无能为力，也没法舒适安逸，他们会成为改革者或革命者，而不是愤世嫉俗者。改革者或革命者的幸福取决于他所从事的公共事业的进程，即使在被处决的时候，他也可能比生活舒适的愤世嫉俗者感受到更多真正的幸福。我记得有一位年轻的中国人来参观我的学校，打算回家在保守反动的家乡创建一所类似的学校。他预计自己可能会因办学而被砍头，但他享受着我不得不羡慕的平静的幸福感。

然而，我并不想借此说明这些高尚的幸福才是人们唯一可获得的幸福。事实上，这种幸福只有少数人可以得到，因为它要求的某种能力和兴趣都并不普遍。不是只有杰出的科学家才能从工作中获得快乐，也不是只有卓越的政治家才能在倡导某项事业时获得快乐。任何能够发展出某种专业技能的人都可以享受工作的乐趣，只要他能够对发挥技能本身感到满足，而不期望获得普遍的赞许。

我认识一个年轻时就双腿残废的人，他在漫长的一生中一直保持着平静的快乐。他撰写了五卷防治玫瑰枯萎病的著作，我一直认为他是这方面的权威。我无缘结识很多贝壳学家，但我从认识他们的人那里了解到，研究贝壳的人会乐在其中。我认识一个人，他曾是世界上最好的排字师，所有致力于发明新艺术品种的人都在找他，那些不轻易向别人示敬的人真心敬重他，但比起他从中得到的快乐，他施展手艺时获得的快乐更多。这种快乐与优秀的舞蹈家从跳舞中获得的快乐并无太大不同。我还认识一些排字师，他们擅长数学排版、景教文字和楔形文字排版，以及其他过时的和困难的版式。我不知道这些人的私生活是否幸福，但在工作中，他们的建设性本能得到了充分满足。

人们习惯说，在我们这个机器时代，人们从工作中获得乐趣的空间，不如以前的工匠在熟练工作中获得乐趣的空间大。我丝毫不敢断定这是真的：的确，如今的熟练工人从事的工作，与中世纪工匠从事的工作有很大不同，但他们在机器经济中仍然非常重要，不可或缺。有人制造科学仪器和精密机器，有人做设计师，有人做飞机机师、汽车司机，还有其他很多人从事技能行业，几乎可以无限发展。据我观察，在相对原始的社区劳作的农业劳工和农民，并没有汽车司机或机车司机那样快乐。确实，耕种自己土地的农民的工作是多种多样的；他耕耘，播种，收获。但是他们受到自然条件的制约，并且非常清楚自己靠天吃饭，而使用现代机器的人意识到自己的力量，并获得一种感觉：人类是自然力量的主人，而不是奴隶。的确，对于大量仅仅看护机器的人来说，工作是非常无趣的，他们一遍遍重复机械操作，鲜有变化；但工作变得越无趣，就越有可能由机器来完成。机器生产的最终目标——诚然，我们现在还与之相距甚远——是建立一个系统，将一切无趣的事情交由机器完成，而人类只从事需要变化和创意的工作。在这样一个世界里，工作中的无聊与压抑感将比农业问世以来的任何时候都少。在从事农业的过程中，人类决定忍受单调乏味的生活，以减少饥饿的风险。当人们通过打猎获得食物时，工作是一种乐趣。人们可以从这个事实中看出这一点：今日的富人仍然将这种古老的职业视为娱乐。

但是自从农耕问世，人类就进入了一个漫长的鄙陋、悲惨和疯狂的时期，一直到现在机器经济兴起才得以解脱。多愁善感的人会谈起农业劳作时与大地接触的感觉，谈起哈代笔下具有哲学头脑的农民成熟的智慧，这当然无可指责；但每个农村年轻人的唯一愿望是在城里找到工作，这样他可以摆脱风雨的奴役，摆脱暗长冬夜的孤独，到工厂或电影院里享受可靠的人间气息。伙伴和合作是普通人幸福的基本要素，而这两者在工业中比在农业中丰富得多。

对某件事情的信念是许多人幸福的源泉。我想到的不仅仅是被压迫国家的革命者、社会主义者和民族主义者；我还想到了许多更微小的信仰。我认识的一些人相信英国人就是失落的十个部族[1]的后裔,他们几乎总是幸福的。而另外一些人相信英国人只是以法莲和玛拿西[2]部落的后裔,他们的幸福同样无边无际。

我并不是建议读者接受这些信条,因为我不能提倡任何我认为基于错误信仰的幸福。出于同样的原因,我不能敦促读者相信人类应该只靠理智生活,尽管就我的观察而言,这种信念总能确保获得完美的幸福。但是我们要找到一些感兴趣又毫不怪诞的事情并不难,那些对这类事情真正感兴趣的人会享受闲暇,并彻底消除生活空虚的感觉。

与致力于晦涩的事业相似的是沉迷于一种爱好。一位在世的最杰出的数学家将他的时间平均分配在数学和集邮上。我相信,当他的数学研究没有取得进展时,集邮会给他带来安慰。集邮能够治愈的并不限于数论证明遇到困难时的痛苦,可供收集的也并不是只有邮票。想想看,当你想到旧瓷器、鼻烟壶、罗马硬币、箭镞和燧石工具时,会是多么心醉神迷。

的确,我们中许多人太"高级",对这些简单的快乐不屑一顾。我们都在童年时经历过这些快乐,但出于某种原因,我们

---

[1] 以色列联合王国在公元前930年分裂成南北两个王国,公元前722年北部王国被亚述人征服,组成北部王国的十个犹太部族被亚述人掳走,从历史上消失。
[2] 十个部族中的两个。

认为它们不值得成年人去追求。这完全是一个错误，任何对他人无害的快乐都值得被珍视。就我而言，我"收集"河流：我曾在伏尔加河顺流而下，在长江逆流而上，从中获得了快乐。非常遗憾，我从未见过南美的亚马孙河与奥里诺科河。虽然这些情绪很简单，但我并不为此感到羞耻。

或者，我们还可以想象一下棒球迷充满激情的快乐：他迫不及待翻看报纸，从收音机里获得最强烈的刺激。我记得第一次见到一位美国著名文学家的情形。之前从他的书里我曾推想他是一个忧郁的人。碰巧的是，那次见面时电台正在播放最关键的棒球比赛的结果。他忘了我，忘了文学，忘了尘世生活的所有悲伤，听到他喜欢的球队取得胜利，他高兴得大喊大叫。自此，我读他的书时不再为他笔下人物的不幸而感到沮丧。

不过，在许多情况下，或许是大多数情况下，时尚和爱好不是基本幸福的来源，只是暂时逃避现实、忘记一些难以面对的痛苦的一种手段。根本的幸福有赖于对人和事物充满善意的兴趣。

对人的善意兴趣是爱的一种形式，但不是一味攫取、充满占有欲并总是强调回应的那种形式。后者导致的常常是不快乐。能带来幸福的那种兴趣，体现为喜欢观察别人并从他们的个人特质中找到快乐，希望为所接触的人提供获得兴趣和快乐的机会，而不奢求获得控制他们的权力或得到他们的强烈钦佩。一个真心用这种态度对待他人的人,将拥有幸福的源泉,也能得到对方友善的回应。他与他人的关系,无论是泛泛之交还是郑重其事的交情,都将满足他的兴趣和感情;他不会因对方的忘恩负义而生气,因为他很少会碰到这种情况,碰到了也不会在意。某个人的个性或许会让另一个人神经紧绷,恼羞成怒,但在他平和的眼光看来还蛮有意思。别人长期孜孜以求却仍然无法取得的成果,他不费吹灰之力就能获得。由于他自己感到快乐,他会成为一个愉快的伴侣,而这反过来会增添他的快乐。

但所有这些都必须出于真心,绝不能源于责任感驱使下产生的自我牺牲的思想。责任感在工作中是有用的,但在人际关系中会令人反感。人们希望别人喜欢自己,而不希望别人只是出于耐心勉强应付。在个人幸福的所有来源中,自发而且不费吹灰之力喜欢上许多人也许是最大的一个。

我在上面提到过对事物的善意兴趣,这句话可能看起来很勉强,人们可能说,对事物怀有善意的兴趣是不可能的。但是,地质学家对岩石或考古学家对废墟的兴趣里,都有类似的友善的成分,这种兴趣应该成为我们对个人或社会所持态度的因素之一。

人们可能对事物怀有敌意而不是善意的兴趣。一个人可能会收集关于蜘蛛栖息地的资料,因为他讨厌蜘蛛,希望生活在蜘蛛稀少的地方。这种兴趣不会带来像地质学家从他的岩石中获得的那种满足感。

尽管就寻常的幸福组成要素而言，对外物的兴趣可能不如对人类同胞的友好态度有价值，但它仍然非常重要。世界辽阔，我们自己的力量有限，如果我们所有的幸福都与我们的个人环境息息相关，那么我们很难不对生活提出过分的要求。要求太多的结果必然是你的所得比本来可以得到的还少。如果一个人能够借助对特利腾大公会议[1]或恒星生命史的真正兴趣来忘记他的烦恼，那么他会发现，当他从无人格的世界漫游回来时，他已经获得了一种沉着和冷静，使自己能够以最佳方式对待烦恼，同时体验到一种真正的幸福，哪怕这种幸福只是暂时的。

幸福的秘诀是：让你的兴趣尽可能广泛，你对感兴趣的人和事物的反应尽可能友好而不是敌对。

（选自《幸福之路》，1930年出版）

---

[1] 天主教会于1545年至1563年在意大利特利腾城召开的大公会议。

热忱

在本章中，我打算讨论我认为幸福的人最普遍和最独特的标志，那就是——热忱。

要理解何为热忱，或许最好的办法是观察人们对待吃饭的不同态度。有些人觉得吃饭只是一桩厌事，不管食物多么精美，他们都提不起兴致。他们吃过美味佳肴，或许差不多顿顿如此，直到饥饿难耐，他们才知道不吃饭是什么滋味。他们将吃饭看成是社会风俗规定的例行事务。和其他事情一样，吃饭的确令人厌烦；但为此小题大做无济于事，因为没有什么比这更令人厌烦的了。有一些残疾人，吃饭完全是出于责任感，因为医生叮嘱要摄入营养以保持体力。有一些美食家，满怀希望地开始吃饭，结果发现没有一样合乎期待。有一些贪吃的人，他们吃饭时狼吞虎咽，结果吃得太多，挺着鼓胀的肚子上床，立马鼾声如雷。有些人吃饭时胃口正常，对自己的食物感到高兴，吃饱了就停下来不再吃。

人们坐在生命盛宴前，对生命赐予的美好事物的态度，与对待吃饭的态度有相似之处。生活幸福的人相当于上述最后那类食客。热忱与人生的关系，有如饥饿与食物的关系。厌食的人对应的是悲观厌世的人，出于责任感而吃饭的残疾人对应的是禁欲主义者，饕餮之徒对应的是贪得无厌之辈，美食家对应的是事事挑剔、贬斥半数生活乐趣都不够精美的人。奇怪的是，可能除了饕餮之徒外，所有人都鄙视胃口正常的人，并觉得自己高他一等。在他们看来，因为饥饿而享受食物是庸俗之举，因为生活提供了各种有趣的景致和令人惊讶的体验而去享受生活，同样鄙陋不堪。他们站在自己幻想破灭的高度，鄙视那些他们视为头脑简单的人。

我并不赞同这种观点。我认为，诸种看破红尘都是一种病。当然在某些情况下，幻灭可能不可避免，但无论如何，一旦它出现都要尽快治愈，而不能将其看作更高智慧的表现。

假设一个人喜欢草莓而另一个人不喜欢，那后者在什么方面更优越呢？没有抽象和客观的证据证明草莓好或不好。对喜欢的人来说，草莓是好的；对不喜欢的人来说，草莓不好。但是喜欢的人有一种别人没有的快乐；从这个意义上说，他的生活更愉快，他更适应这个世界。而不管是否喜欢草莓，人们都必须生活在这个世界里。这个微不足道的例子反映出的道理，同样适用于更重要的事情。从这个意义上来说，喜欢看足球的人比不喜欢看的人优越。喜欢读书的人比不喜欢读书的人则更优越，因为读书的机会比看足球的机会更多。一个人感兴趣的事越多，他获得幸福的机会就越多，受命运摆布的可能性就越低；因为如果他失去了一样，他还可以转而依靠另一样。

诚然，生命太短，不可能对事事都感兴趣，但为了活得充实，尽可能多地培养兴趣总是好事。我们都容易患上内向者的毛病，这样的人对世界的万千景象视而不见，却转头将目光投向内心的空虚。但是，让我们不要觉得内向者的不快乐里有什么非凡之处。

从前有两台制造香肠的机器，结构精巧，可以把猪肉变成最美味的香肠。其中一台机器一直保持着对猪的热忱，生产了数不清的香肠；另一台机器则说："跟我比起来，猪算什么？我自己的作品比任何一头猪都有趣和精彩得多。"它不再接受猪，而是开始研究自己的内部结构。失去了天然食物，它的内部组件停止了运行，它研究得越多，就越觉得空虚和愚蠢。此时，用来制作美味香肠的所有精致的组件都一动不动，它不知道自己能做些什么。第二台香肠机器就像一个失去了热忱的人，而第一台香肠机器就像一个保持热忱的人。

心灵是一台奇怪的机器，它可以用最出奇的方式将获得的材料进行搭配组合，但没有外部世界的材料，它就无能为力。而且与香肠机器不同的是，它必须自己去获得材料，因为只有我们有兴趣去做的事情才会成为经验：如果我们对它们不感兴趣，我们从中将一无所获。因此，将注意力转向内在的人，找不到任何能引起他注意的东西；而将注意力投向外在世界的人，可以在偶尔审视自己灵魂的时候，发现各种形形色色的有趣成分已被分解，重新组合成了美丽或有启发性的模型。

热忱的表现形式千变万化。大家可能还记得，夏洛克·福尔摩斯在街上捡起一顶帽子，仔细端详一会儿后说："帽子的主人是因为喝酒而堕落的，他的妻子已不再像以前那样喜欢他。"一件偶然看到的东西能让他产生如此丰富的兴趣，这样的人永远不会感到生活枯燥乏味。想象一下在乡间漫步时可能会注意到的种种景致。一个人可能对飞禽感兴趣，一个人对草木感兴趣，另一个人对地质特征感兴趣，还有一个人对农业感兴趣，诸如此类。只要你感兴趣，这些事物中的任何一种都是有趣的，而且在其他条件相同的情况下，对其中任何一种感兴趣的人，比不感兴趣的人更适应世界。

同样，让我们看看不同的人对同类的态度是多么不同。在长途列车旅行中，一个人可能完全不会去观察别的旅客，而另一个人可能对他们进行总结，分析他们的性格，对他们的情况做出精明的猜测，甚至可能洞悉其中几个人最隐秘的往事。人们对他人的感觉，也跟他们对他人的猜测一样各不相同。有些人觉得几乎每个人都很无聊，而另一些人则很容易马上对与他们接触的人产生好感，除非有明确的理由阻碍了他们。

再以旅行为例。有些人会周游许多国家，总是住最好的酒店，吃着与家里完全一样的食物，接触在家接触过的一样闲散的富人，谈论与自家餐桌上说的一样的话题。回家的时候，他们唯一的感觉就是如释重负，终于摆脱了昂贵的旅游带来的无聊。另外一些人则无论走到哪里，都会观赏当地特色，结识典型的当地人，观察有关当地历史或社会的有趣事物，品尝当地的食物，学习当地的礼仪和语言，满载着愉快思想回家，在寒冷的冬夜再细细品味。

在所有这些不同的情况下，对生活有热忱的人比没有热忱的人更有优势。即使是不愉快的经历对他也有助益。我很高兴接触到中国百姓和西西里乡村的气息，尽管我不能假装自己当时的快乐非常巨大。喜欢冒险的人对沉船、兵变、地震、火灾和各种不愉快的经历都饶有兴致，只要这些经历不至于达到损害他健康的程度。例如，在地震中，他们可能会对自己说"地震原来是这么一回事"，很高兴这个经历增加了他们对世界的了解。当然，说这些人不会受到命运的摆布是不对的，因为如果他们失去健康，他们很可能同时会失去热忱，不过这一点并不能全然确定。我认识一些人，在经受多年的漫长折磨后死去，但他们的热忱几乎一直保持到生命最后一刻。某些形式的不健康会摧毁热忱，另一些则不会。我不知道生化学家能否区分这两种情况。也许生化学进一步发展后，我们将能够服用药片，确保我们对一切都感兴趣；但在那一天到来之前，我们不得不依靠对生活的常识观察来做出判断，究竟是什么原因使一些人对一切都怀有兴趣，而另一些人却对一切都没有兴趣。

有些热忱是普通的，有些则是特殊的。的确，有些可能还非常生僻。乔治·博罗[1]的读者可能还记得《罗曼·罗伊》中的一个人物。他失去了挚爱的妻子，有一段时间，他感到生活完全空虚。但他后来对刻在茶壶和茶叶罐上的汉字产生了兴趣，借助一本法文写的汉语语法书（为此他专门去学了法语），他逐渐看懂了这些汉字，从而对生活产生了新的兴趣，尽管他从未将学到的汉语知识用于其他目的。我认识一些人，他们全神贯注于探索诺斯替教[2]的异端邪说，还有一些人的主要兴趣在于校勘霍布斯[3]的手稿和早期版本。

要事先预测一个人会对什么感兴趣是很难的，但大多数人或这或那都会产生强烈的兴趣，一旦兴趣被激发起来，他们的

---

1 乔治·博罗，英国19世纪作家与旅行家，代表作为自传体小说《拉文格罗》，《罗曼·罗伊》是其续集。
2 相信神秘直觉说的早期基督教派。
3 托马斯·霍布斯，英国17世纪哲学家、政治家，著有《利维坦》《论政体》等。

生活就不再单调乏味。然而，与普通的生活热忱相比，非常生僻的兴趣是一种不太令人满意的幸福来源；因为它很难充实一个人的全部时间，而且总是存在着这样的危险，即他可能会慢慢对已经成为爱好的某个特定问题了如指掌。

大家肯定记得，我谈到人们对待吃饭的不同态度时，谈到了贪吃的饕餮之徒，我们不打算赞扬这种人。读者可能会认为，我们一直称赞的对生活抱有热忱的人，与饕餮之徒其实没有明确的不同。现在我们必须努力更明确地将这两种类型加以区分。

众所周知，古人将节制有度视为最重要的美德之一。在浪漫主义和法国大革命的影响下，这个观点被许多人抛弃，而压倒一切的激情受到推崇，哪怕这种激情具有破坏性和反社会性质，就像拜伦笔下的英雄身上体现出的那样，也照样被人崇拜。然而，古人显然是对的。在美好的生活中，不同的活动之间必须达成平衡，其中任何一项活动都不应过分到令人无法从事其他活动的程度。

饕餮之徒为了获得吃的乐趣而牺牲其他的所有快乐，从而减少了人生的总体快乐。除了口腹之欲外，其他许多激情也可能被推到同样过分的程度。约瑟芬皇后在服装方面是一位"饕餮之徒"。起初，拿破仑虽然颇有怨言，但还是为她支付制衣账单。到了最后，他告诉她真的必须学会节制，将来他只会为她支付金额合理的账单。当又一次接到制衣账单时，她一时不知所措,但很快就想出了一个办法。她找到作战部长,要求他用战争经费为她付账。作战部长知道约瑟芬有权解职他,就乖乖照做,结果法国人失去了热那亚。至少有一些书是这样说的,不过我并不打算保证它完全属实。就我们讨论的问题而言,无论这些说法真实还是夸张,这个例子都是恰当的,因为它显示了对服装的热情可以让一个有机会放纵的女性变得多么离谱。嗜酒癖和色情狂显然是同一类型的例子。

应对这些问题的原则是显而易见的,我们所有单独的品位和欲望,都必须符合生活的总体框架。要让这些品位与欲望成为幸福的源泉,就必须使它们与健康、我们所爱之人的感情,以及社会所推崇的价值观念不相冲突。有些激情几乎可以随意放纵而不会越界,而另一些激情则不能。比如说,一个热爱国际象棋的男人,如果他碰巧是一个有独立经济来源的单身汉,他就不必对自己的激情加以任何限制。但如果他拖家带口,又没有独立经济来源,他就不得不非常严格地限制自己的激情。嗜酒癖和饕餮之徒,即使没有社会关系,从自身利益的角度来看,他们的激情也是不明智的,因为放纵会损害健康,让他们为了几分钟的快乐而承受几小时的痛苦。

某些事物形成一个框架后,任何单独的激情如果要避免成为痛苦之源的话,就必须受到这个框架的限制。形成框架的事物包括健康、个人能力、赖以为生的收入,以及最基本的社会责任，如家庭责任。为了下棋而牺牲这些东西的人本质上和酒鬼一样糟糕。我们之所以不那么严厉地谴责他，唯一的原因是他并非平庸之辈，只有具备某种罕见才能的人，才可能沉迷于这类游戏。希腊人确立的节制原则实际上考虑到了这种情况。

一个喜欢下棋、在白天的工作中都期盼着晚上一试身手的人是幸运的，但是为了能成天下棋而放弃工作的人已经失去了节制的美德。据记载，托尔斯泰在年轻放浪的时候，有次因在战场上的英勇表现而获得了十字勋章，但到了授勋的时候，他正全神贯注于棋局，就决定不去领奖。在这一点上，我们几乎找不到托尔斯泰的什么错，因为对他来说，是否赢得军事勋章可能无关紧要，但对一个不那么杰出的人来说，这样的行为就是愚蠢的。

对前面提出的节制有度的原则，我们应该补充一个限制条件，要承认有些行为具有非常高尚的本质，有理由为它们牺牲一切。一个男人为了保卫国家而英勇牺牲，即使妻子儿女因此一贫如洗，他也不应当受到指责。一个人为了取得某项伟大的发现或发明而专心于科学实验，使他的家庭不得不忍受贫困，如果他的努力最终获得成功，人们往往不会去指责他。但若是他未能成功，公众舆论就会谴责他是个怪人。这样做显得不公平，因为在这种事业中，没有人能事先确定最终会成功。在基督纪年最初的一千年里，一个抛家弃子去过圣洁生活的人会受到称颂，而现在的人们认为他应该为维持家人生计做好准备。

我认为，饕餮之徒与食欲健康的人之间，总是存在深层次的心理差别。一个人过度放纵自己的某种欲望而牺牲其他所有的欲望，通常是出于根深蒂固的烦恼，竭力逃离内心的幽灵。就酒徒来说，这一点显而易见：他们喝酒是为了忘记烦恼。如果他们的生活中没有幽灵般的恐惧，他们就不会觉得醉酒比清醒更令人愉快。正如古代中国人所说的"醉翁之意不在酒"，这是一切过度和片面激情的典型表现。人们寻求的不是所追逐对象本身的快乐，而是遗忘。然而，通过一醉方休来寻求遗忘，还是通过运用自身能力来努力忘却，两者有着巨大的差别。

为了能够忍受丧妻之痛，博罗的朋友自学了中文。他寻求遗忘的方式不仅无害，反而还增长了智力和知识。这种逃避方式无可指责。对那些通过饮酒、赌博或其他无益的刺激寻求遗忘的人，我们却不能这么说。当然也有些情形处于中间地带，难以贸然下结论。如果一个觉得人生无聊的人在飞机上或山顶上疯狂冒险，我们该怎么说呢？如果他的冒险有助于任何公众目标，我们可能会敬佩他；如果不是这样，我们就只能认为他比赌徒和醉汉好不了多少。

真正的热忱（不是那种实际出于遗忘的目的而滋生出的兴趣），是人类自然天性的一部分，只要它没有遭到不幸环境的摧毁。幼儿对他们耳闻目睹的一切都感兴趣；对他们来说，这个世界充满了惊喜，他们永远都满怀热情地追求知识。当然他们并不是追求学术知识，而是极力去熟悉吸引他们注意力的事物。动物即使到了成年，只要健康，也能保持热忱。猫进入一个不熟悉的房间后，会嗅遍房间每个角落，以期闻到哪怕一丝老鼠的气味，不然它不会躺下来。一个从未受到重大挫折的人，会自然地保持对外部世界的兴趣，并会因此发现生活是愉快的，除非他的自由受到过分限制。

在文明社会，人们丧失热忱，很大程度上是由于对我们生活方式至关重要的自由受到了种种限制。野蛮人在饥饿时会去狩猎，这样做是服从于直接的冲动。每天早上定点上班的人，基本上受同样的冲动（即谋生的需要）所驱使。只不过这种冲动并不是直接起作用，也不是在人们感觉到它的时候立刻起作用，而是通过思想、信念和意志间接起作用。一个人开始工作的时候其实并不饿，因为他刚刚吃过早餐。只不过他知道饥饿感会再来，而工作是对付未来饥饿感的一种手段。冲动的产生没有规律，但在文明社会中，习惯必须有规律。在野蛮人中，即使是集体活动（如果有的话）也是在冲动的驱使下自发组织的。部落要开战时，鼓声会激发战斗的热情，群体的兴奋激励每个人参加这项必要的活动。现代企业却不能这样管理。当火车必须在特定时刻启动时，不可能通过播放野蛮人的音乐来激励搬运工、机车司机和信号工做事。他们必须各司其职，完全是因为这是他们的应尽之责。也就是说，他们的动机是间接的：他们的冲动并不是指向事情本身，而是指向事情的最终回报。很多社交生活都有同样的缺陷。人们相互交谈并不是出于交谈的意愿，而是因为他们希望从合作中获得一些最终利益。

文明人在人生的每一刻都保持对冲动的克制：如果他突然感到高兴，他也不允许自己在街上唱歌跳舞；如果他突然感到悲伤，他也不能坐在人行道上哭泣，以免阻碍交通；青年时，他的自由在学校受到限制；成年时，他的自由在整个工作时间内受到限制。所有这些都使热情更难被保持，因为持续的克制往往会产生厌倦和无聊。然而，如果对自发的冲动不进行相当大的约束，文明社会不可能实现，因为自发冲动只会产生最简单的社会合作形式，而无法产生现代经济组织所需的高度复杂的合作形式。

为了克服这些障碍以保持热忱，一个人需要有健康的身体和相当旺盛的精力，要不然就需要有足够好的运气，获得一份他感兴趣的工作。

统计数据显示，在过去的一百年里，所有文明国家的国民健康状况都在稳步改善，但人们的精力状况却更难衡量，而且我怀疑现在人们在健康状态下的身体活力并没有以前那样充沛。这在很大程度上是一个社会问题，因此我不打算在本书中讨论它。

尽管文明生活中存在种种障碍，但有些人仍能保持热情，许多人如果能摆脱让他们耗费大量精力的内心冲突，也可以做到这一点。保持热忱需要的精力远远超过从事必要工作所需的精力，而这反过来又需要心理机器能够顺利运转。

对"端庄得体"的错误认知，极大削弱了女性的热忱；尽管现在情况已有所好转，但仍有相当大的影响。人们认为，女性对男性表现出明显的兴趣或在公共场合过分活泼是不可取的。在学习对男人不感兴趣的过程中，她们常常学会了对什么都不感兴趣，或者至多只对举止得体感兴趣。灌输一种无为和消极退缩的生活态度，显然非常不利于培养热忱，并鼓励某种自我迷恋——尊贵女性往往体现出这个特征，而如果她们没有受过教育则体现得更明显。她们没有普通男人对运动的兴趣，对政治毫不关心。她们对男人抱着一本正经的冷漠态度，对女人则暗藏敌意，相信其他女人不如自己正派。她们夸耀自己独善其身，也就是说，对自己的同类缺乏兴趣在她们看来是美德的表现。

当然，这不能怪她们，她们只是接受了流传几千年的女德教育。然而，她们是压迫制度下可怜的受害者，却对这种制度的罪恶毫无觉察。在她们看来，一切吝啬都是好的，一切慷慨都是坏的。在她们自己的社交圈里，她们尽其所能地扼杀快乐，在政治上她们喜欢压制性的法律。幸运的是这类人越来越少，但仍然比思想解放的人多得多。我建议任何对这一说法持怀疑态度的人，去若干个寄宿公寓找找房间，并留意在此期间遇到的女房东，就会发现她们在生活中仍谨守女德。这些观念的核心在于摧毁所有对生活的热忱，结果就是她们的头脑和心灵萎缩，发育不良。

正确的女性道德观与男性道德观其实并没有什么不同，或者至少不像传统灌输的差别这么大。热忱是幸福和健康安逸的秘诀，对男性来说如此，对女性来说也是如此。

（选自《幸福之路》，1930年出版）

爱

人若缺乏热忱，一个主要原因是感觉没人爱自己；反之，感到被人爱比其他任何力量更能催生激情。产生无人爱自己的感觉，有多种原因。可能是他觉得自己糟糕透顶，不可能有人爱；可能是他在童年时代得到的爱少于其他孩子，他不得不慢慢习以为常；也可能是真的无人爱他。而造成最后一种情况的，则可能是由于童年的不幸使他缺乏自信。感觉无人爱的人可能会采取各种不同的态度来应对。他可能会竭尽所能，用特别充满善意的行动去赢得爱。但他很可能达不到目的，因为他善意之举的动机很容易被受惠者觉察，而人的天性决定了人们往往最愿意将爱献给不强求回报的人。极力想用善举换取爱的人体会到了忘恩负义的人性，因而会对爱产生幻灭。他从来不会想到，他企图购买的爱的情感，价值远远超过了他所给予的物质利益。但他感觉两者价值相当，并据此行动。另一种人发现无人爱自己，则可能报复这个世界，或挑起战争与革命，或用蘸满怨恨的笔端抨击社会，就像迪恩·斯威夫特[1]那样。这是对自身不幸的英勇反抗，需要足够的人格力量与全世界为敌，但很少有人能达到如此高度。绝大多数人，无论男女，一旦感觉不为人爱，就会陷入羞怯与绝望的情绪；只有偶尔流露的嫉妒与恶意会暂时缓解这种情绪。通常，这类人在生活中会极端自我中心，爱的缺失会使他们产生不安全感；出于逃避不安全感的本能，他们让习惯完全主宰自己的生活。因为对自愿受一成不变的生活奴役的人来说，驱使他们行动的是对于冷漠的外部世界的恐惧；他们觉得，只要走自己前几天刚走过的老路，他们就不会与这个世界迎头相撞。

带着安全感面对生活的人，无论如何都比缺乏安全感的人更幸福，只要他们的安全感不将他们引入灾难。安全感本身足以帮助一个人逃离那些没有安全感的人无法逃脱的危险。虽然不是全然如此，但大多数情况是这样。从一块狭窄的木板上走过峡谷，你如果心存恐惧，失足跌落的可能性就更大。生活中也是同样的道理。无畏的人当然也会碰上无妄之灾，但他可能

---

[1] 即乔纳森·斯威夫特，18世纪英国讽刺作家和政治家，代表作为《格列佛游记》。

毫发无损地度过许多困境，而胆怯的人会被困境压倒。当然，这种有益的自信有无数表现形式。有的不惧山高，有的不畏海深，还有的敢于翱翔。但对生活的总体自信，最主要来自习惯了在需要爱的时候总能得到足够的爱。这种看待生活的思维习惯被认为是热忱的源泉，也是我打算在本章讨论的话题。

带来这种安全感的，是一个人得到的爱，而不是付出的爱；不过它最主要来自从互爱中得到的那种爱。严格说来，不只是爱，崇拜也能产生同样的效果。那些依赖公众崇拜为生的人，如演员、牧师、演说家和政客，会越来越依赖掌声。如果能如愿获得公众的赞许，他们的生活就充满热情。如果不能如愿，就心怀不满，变得自我中心。来自多数人的泛泛善意对他们的影响，跟少数人的浓浓善意对其他人的影响一样大。得到父母关爱的孩子，会将父母的爱视为天经地义。虽然这种爱对他的幸福至关重要，但他很少会刻意想到它。他脑子里装着世界上的事情，回忆他的冒险之旅，想象长大后更美妙的奇遇。但在所有这些外在兴趣的背后，他心里有一种感觉，就是父母的爱会让他免于灾难。那些不管出于什么原因没有得到父母之爱的孩子，则可能变得胆怯、害怕冒险，充满恐惧和自怜，无法饶有兴致地探索世界。这样的孩子可能会出人意料地在小小年纪就开始思考生死和人类归宿的问题。他会变得内向，起初只是郁郁寡欢，但最终会着手从某些哲学或神学理论中寻找虚幻的慰藉。这个世界本来杂乱无章，福祸无常，但有的人想从中创造出一种清晰可辨的系统或模式。这种愿望本质上是恐惧的产物，实际是一种广场恐惧症，即对开阔的空间感到恐惧。在自己垒起的图书馆的四壁之内，这个胆怯的学生感到安全。如果他能说服自己，相信宇宙与他的图书馆一样井然有序，那么在不得不冒险走上街头时，他会感到几乎与待在图书馆里一样安全。如果曾得到过更多的爱，这样的人本来不会如此惧怕真实世界，也不会在自己的信念中杜撰出一个理想世界来取而代之。

但在激发冒险精神这方面，并非所有的爱都有上面提到的这种效果。给出的爱本身必须是坚定的，而不是怯懦的，希望对方卓尔不凡的愿望必须超过希望对方安全无虞的愿望——当然这绝不意味着无视安全。胆怯的母亲或护士总是警告孩子防备潜在的灾难，总是认为所有的狗都会咬人、所有的牛都好斗。她们可能会在孩子身上培养出跟她们一样的胆怯，可能使孩子觉得只有待在她们身边才安全。对一个占有欲过度的母亲来说，孩子的这种感觉令她愉快；她对孩子依赖于她的渴望，可能盖过了期待孩子能独闯天下的渴望。在这种情况下，长远来看，她的孩子可能比没有得到过爱的孩子更糟糕。早年形成的思维习惯可能会持续一生。许多人在恋爱中寻找的是一个小的避世之所，他们确信在那里可以得到自己不配得到的崇拜与赞扬。对许多男人而言，家是逃避现实的避风港：他们的恐惧与胆怯促使他们享受家人的陪伴，可以将这些情绪搁置一旁。他们向妻子寻求以前在不明智的母亲那里得到过的东西；然而要是妻子将他们当成已成年的孩子，他们却又会感到惊讶。

要对最好的爱下一个定义，殊非易事，很显然，爱里面总会包含一些保护的要素。面对自己爱的人受伤，我们不会无动于衷。不过我认为，爱的情感里可以包含对已经发生的不幸的同情，但应尽量少掺杂对未来会发生不幸的忧惧。忧惧别人的未来比忧惧自己的未来也好不了多少。而且，这种忧惧往往不过是占有欲的伪装。为他人忧惧的人，希望通过唤起他人的恐惧，获取对他们更大的控制。当然，这就是男人喜欢胆小女性的原因之一——通过保护她们来占有她们。一个人能在多大程度上接受别人的关心，而不让这种关心伤及自己，取决于他或她的性格：一个坚强又富有冒险精神的人，能够接受别人很多关心而不会对自己造成损害；而一个胆怯的人不应该期望得到太多这种关心。

得到的爱有两种功能。我们已经谈到了它在安全感方面具有的功能，但在成年生活中，它还有一个更重要的生物学目的，就是生儿育女。无法激发他人的性爱，这对任何男性或女性来说都是最大的不幸，因为这剥夺了他或她享受生活中最大的快乐的机会。这种剥夺几乎迟早会摧毁热情，使人变得内向。然而，童年时期的不幸常常会造成性格上的缺陷，从而导致有性格缺陷的人成年后得不到爱情。与女性相比,这一点在男性身上表现得更为突出,因为总的来说,女性往往爱的是男性的性格,而男性爱的是女性的外貌。不得不说,就这方面而言,男性不如女性,因为男性喜欢的那种女性特质,不如女性喜欢的男性特质更值得拥有。不过,我丝毫不敢断言养成好性格比变美更容易。无论如何,相比男性该怎么养成好性格,人们对如何变美知道得更多,女性也更乐意实践。

到目前为止,我们是从得到爱这方面来讨论的。现在我想说说付出爱这方面。给予别人的爱有两种,一种或许是生活热情的最重要的表现,另一种则是恐惧的表现。在我看来,前者完全值得赞美,后者充其量只能算是一种安慰。如果你在晴天驾船沿着美丽的海岸航行,你会赞赏海岸的美丽,并对它心生愉悦。这种愉悦之情完全源于你将眼光投向外部世界,丝毫不是出于任何内心的迫切需要。反过来,如果你的轮船失事,你不得不游向海岸,为此你将获得一种对海岸的新型的爱:海岸可以防范海浪,象征着安全,它自身的美丑变得无关紧要。安坐船中的人对海岸的情感对应于第一种也就是更好的那种爱,而船只失事被迫游向岸边的人对海岸的情感对应于第二种不那么优质的爱。第一种爱只有在一个人感到安全,或者对身边的危险毫不在乎的时候才可能产生;相反,第二种爱是由不安全感引发的。不安全感引发的爱更为主观,更为自我中心,因为它认为被爱者的价值在于他能提供的服务，而不是他的内在品质。不过，我并不想说这种爱在生活中毫无用处。实际上，几乎所有真正的爱都包含了这两种爱的元素，只要爱真的能消除不安全感，它就能使人获得自由，对这个世界重新产生兴趣；这种兴趣会在感受到危险和恐惧的时候被遮蔽。但是，承认这种爱在生活中发挥这种必要作用的同时，我们必须指出，它还是比不上前一种爱，因为它依赖恐惧而生，而恐惧是一种邪恶；也因为这种爱更加以自我为中心。在最好的那种爱里，人们希望的是获得新的幸福，而不是逃离旧的不幸。

最好的那种爱能互相赋予对方生命活力；每一方都满怀喜悦地得到爱，也毫不费力地给予爱；怀着彼此带来的幸福感，每一方都发现整个世界变得更加有趣。但还有一种绝非罕见的爱：只是一方汲取另一方的生命活力，得到另一方的爱而几乎不给予任何回报。有些充满生命活力的人就属于这种吸血鬼。他们从一个又一个受害者身上榨取生命活力，但是在他们稳步前进、愈发有趣的同时，他们赖以生存的人的生命却益发苍白、黯淡无光、枯燥乏味。他们将他人视为实现自身目标的手段，而不是目标本身。从根本上说，他们对其自认为还爱着的人其实没有丝毫兴趣；他们感兴趣的只是对方能否刺激起自己的活动，或许是以一种相当不人道的方式。显然这种心态源于他们的某些性格缺陷，但要发现或纠正这种缺陷，殊为不易。它往往与野心勃勃有关；而且在我看来，它根植于对人类幸福源泉的过分片面的看法。互爱是真正幸福的最重要元素之一。两人对彼此都怀有真诚的兴趣，不将对方看成实现自己利益的手段，而是将双方视为共同利益的结合体。那些将自我封闭在铜墙铁壁之内，不让它有丝毫拓展空间的人，不管在职业上取得多大成功，都会错过生活中最美好的东西。完全排斥爱的野心通常来自某种对人类的愤怒或仇视——这两种情感源自幼年遭遇的不幸、成年后遇到的不公，或任何会导致受迫害妄想症的遭遇。过于强大的自我是牢笼，若想充分享受世界就必须逃离它。一个人能够具备真正的爱心，是他已经逃脱自我牢笼的标志之一。能够得到爱远远不够，得到的爱必须释放出给予对方的爱；只有在两者等量存在的时候，爱才能达其最佳。

从心理学和社会学角度来说，阻止互爱之心的蓬勃发展都是极大的邪恶；这个世界一直深受其害，今日依然如故。人们迟于赞美，担心所赞非人；钝于献爱，担心受到所爱之人或这个挑剔的世界的伤害。人们借道德与俗世智慧之名谆谆教导，灌输谨慎行事的理念，以致慷慨献爱与冒险求爱均受压制。凡此种种，往往使人滋生胆怯之心和怨恨人类之情，因为许多人终其一生，他的根本需求都未得到满足；在大多数的情形下，这种需求是获得幸福与开阔视野不可或缺的条件。但我们并不能由此推断出，那些所谓无德之人在这方面就胜过谨守道德之人。

在性关系中，几乎不存在可称之为"真爱"的成分；甚至根本性的敌意也不罕见。双方都竭力避免暴露真我，保持着根本的孤独；各人的性情在性关系中毫发无损，因此双方也毫无进益。这样的性关系毫无基本价值。我并不是说这种关系应该着力避免，因为在追求这种关系的过程中，也可能产生机会，让更有价值和更深刻的爱得以成长。但我的确认为，唯一具有真正价值的性关系是那种彼此毫无保留、坦诚相待，双方个性得以融为一体并形成新的共同人格的性关系。谨慎呈现各种面貌，但对真正的幸福而言，爱情中的谨慎或许是最致命的威胁。

（选自《幸福之路》，1930年出版）

爱情在人生中的位置

在大多数群体中，人们对爱情的普遍态度表现出让人费解的两面性：一方面，爱情是诗歌、小说和戏剧的重要主题；另一方面，它又被大多数严肃的社会学家完全忽略，甚至被视为经济或政治改革中迫切需要解决的问题之一。我认为这种态度是不合理的。爱情应该是人类生活中最重要的内容之一，任何对其自由发展进行不必要干扰的制度，都是不好的。

运用得当的话，"爱情"这个词特指两性之间那种包含强烈情感并涉及心理和肉体的关系，而不是指任何存在于两性之间的关系。爱情的强度是无限的。歌剧《特里斯坦与伊索尔德》[1]中表达的这种情感，与无数男女体验过的情感是一致的。用艺术

---

[1] 西方流传千年的爱情悲剧故事，由瓦格纳改编成同名经典歌剧。

手段来表现爱情，这种能力世所罕有；但爱情这种情感本身并不罕见，至少在欧洲如此。

爱情在某些群体里表现得更为常见，我认为这并不取决于个体的天性，而是取决于他们所在群体的风俗习惯。在中国，爱情鲜有表现，并且在历史上表现为受到邪恶妃子误导的昏君的特征：中国传统文化反对所有强烈的情感，认为一个人在任何情况下都应该维护理性的帝国。在这方面，它类似于18世纪初的欧洲。

在经历了浪漫主义运动、法国大革命和第一次世界大战后，欧洲人意识到，我们并没有像安妮女王统治时期所希望的那样，让理性在人类生活中占据主导地位。而在创造精神分析学的过程中，理性背叛了自己。现代生活中三种主要的超理性活动是宗教、战争和爱情；但爱情并不反理性，也就是说，一个理性的人可能会理智地享受爱情。

因为种种原因，在现代世界里，宗教与爱情之间存在某种对立。我认为这种对立并非不可避免；它之所以产生，仅仅是因为，与其他一些宗教不同，基督教植根于禁欲主义。

然而，在现代世界，爱情还面临一个比宗教更危险的敌人，那就是对事业和经济成功的信仰。在西方，尤其是在美国，人们普遍认为，男人不应该让爱情干扰他的事业，否则就是愚蠢。但在这方面，如同在所有人类事务中一样，有必要保持平衡。完全为了爱情而牺牲事业是愚蠢的，尽管在某些情况下可能显出悲剧性的英雄气概；但完全为了事业而牺牲爱情同样愚蠢，也绝显不出英雄气概。然而，在一个普遍唯利是图的社会，这种情况的确会出现，而且无法避免。

想想当下一个典型的商人，尤其是美国商人的生活：从刚成年起，他就把所有最出色的想法和最充沛的精力都投入到追求财务成功上，其他一切都只是无关紧要的消遣。年轻时，他不时与妓女勾搭以满足生理需求；结婚后，他的兴趣与妻子完全不同，从未与她真正亲密；他回家很晚，白天的工作已让他精疲力尽，早上妻子还没醒他已经起床；他在星期天要打高尔夫球，因为锻炼身体是他赚钱的必要条件。在他看来，妻子的兴趣基本上是女性趣味，虽然他赞同这些兴趣，但并不打算与她分享。他没有时间追逐不正当的爱情，就像没有时间在婚姻中与配偶谈情说爱一样；不过，他当然可能在出差时偶尔去找妓女。他的妻子可能一直对他性冷淡，这一点也不奇怪，因为他从来没有时间向她求爱。他潜意识里感到不满意，但他不知道为什么。他主要用工作来排遣自己的不满，但也会用其他不太可取的方式，如观看职业拳击比赛或迫害激进分子，来获得虐待狂般的快乐。同样不满意的妻子则在低俗文化中寻找发泄口，并且通过抨击那些过着慷慨自由生活的人，来获得维护美德的快感。这样一来，夫妻双方都缺乏性满足，这种不满演变成对人类的仇恨，他们为仇恨披上维护公众利益和标榜崇高道德的伪装。

这种不幸的状况很大程度上出于对性需求的错误认识。圣保罗显然认为，人们需要婚姻的唯一动机是获得发生性关系的机会，而这一观点基本上得到了基督教卫道士的弘扬与鼓励。他们对性生活的厌恶使他们对其更美好的方面视而不见，结果是，那些在年轻时受过他们训导的人，在生活中看不到自己最大的潜力。

爱情远不止是性交的欲望，它是大多数男人和女人在一生大部分时间里借以摆脱孤独的主要手段。大多数人对这个世界的冷酷和所属群体可能的残忍怀有根深蒂固的恐惧；他们渴求爱情，但这种渴求往往被男人的粗鲁、野蛮或霸凌，女人的唠叨和责骂所掩盖。只要强烈的相互爱恋之情一直存在，这种恐惧与饥渴的感觉就会消除。它将打破禁锢自我的铜墙铁壁，催生一个合二为一的新生命。

大自然并没有把人类塑造成独立存在的个体，因为除非有他人的帮助，人类无法实现繁衍后代的生物目的；而没有爱情，文明人也无法完全满足他们的性本能。一个人若不能全身心投入性关系，他或她的本能就无法完全被满足。一个人若从未体会过幸福互爱的深情厚谊，就错失了生活所赐予的最美好的东西。即使没有意识到这一点，他们也会无意识地感受到，并因此产生失望之情，从而趋向嫉妒、压迫和残忍。

因此，给予热烈的爱情以适当的位置，应该是社会学家关注的问题。如果人们缺乏这种体验，他们就无法达到自己能够达到的高度，也无法对外部世界怀有那种慷慨的温情；缺乏这种温情，对他们的社会活动必然有害无益。

大多数男人和女人，在适当的条件下，会在生命的某个阶段感受到热烈的爱情。然而，没有经验的人很难区分热烈的爱情和单纯的吸引，尤其是那些受过良好教育的女孩，她们一直受到这样的教导：除非爱一个男人，否则她们不可能会想去吻他。如果一个女孩被期望在结婚之前保持处子之身，那么她经常会在遇到短暂而轻浮的性吸引时陷入困境，而有性经验的女人很容易将性吸引与爱情区分开来。这些观念无疑是导致婚姻不幸福的常见原因。即使夫妻彼此互爱，这种观念也可能因为一方或另一方认为性是有罪的而受到毒害。当然，这种信念可能是有根据的。例如，帕内尔[1]与人通奸无疑是有罪的，因为他让爱尔兰实现自治延误了许多年。但即使这种罪恶感没有根据，它也同样会毒害爱情。如果要让爱情带来它能带来的一切好处，它就必须是自由的、慷慨的，必须不受丝毫约束，而且全心

---

1 查尔斯·帕内尔，19世纪爱尔兰自治运动领导人，因与有夫之妇私通被罢免政党职务。

全意。

传统教育对爱情甚至婚姻中的爱情所注入的罪恶感，往往在男人和女人的潜意识中发挥作用，而且对思想解放的人和坚持旧传统的人同样起作用。这种罪恶感的影响是多方面的，这往往使男人在做爱时动作野蛮、笨拙，缺乏同情心。因为他们羞于开口去了解女人的感受，也无法充分重视缓步推进直至高潮的步骤，尽管它们对大多数女人的快感至关重要。事实上，他们往往没有意识到，一个女人应该体验到快乐，如果她没有体验到，那就是她性伙伴的错。

接受过传统教育的女性，往往以冷淡为傲，不愿轻易献身让人获得肌肤之亲。一个老练的追求者可能会克服女性的这种羞怯，但一个将这种羞怯视为女性忠贞标志而予以尊重和钦佩的男人不太可能克服它，结果就是，即使结婚多年，夫妻关系仍然拘谨，不够随意。在我们祖父的时代，丈夫从未想过要看妻子赤身裸体的样子，妻子面对这种要求会感到震惊。这种态度现在仍然比人们想象的要普遍，甚至在已经跨越这一步的人当中，许多老式的约束依旧常常存在。

在现代世界中，爱情的全面发展还面临一个心理障碍，那就是许多人害怕不能完整地保留自己的个性。这种新近出现的恐惧也显得愚蠢。个性本身不是目的；它必须与世界进行富有成效的接触，而接触意味着它必须放弃分离状态。保存在玻璃盒里的个性会枯萎，而得以与人自由交往的个性会变得丰富。

爱情、孩子和工作，是个人与外部世界进行丰富交流的重要渠道。这三者按出现的时间顺序来排的话，爱情通常居于首位。而且，爱情对于父母之心的最佳发展也至关重要，因为孩子很容易复制父母双方的性格特征，如果父母彼此不爱对方，那么双方都只会对孩子身上体现出自己的特征感到高兴，而对孩子体现出对方的特征感到痛苦。

工作绝非总能使人与外部世界进行富有成果的接触，这完全取决于对待工作的态度。完全为了赚钱而从事的工作不可能具备这种价值，只有体现出奉献精神的工作才具备，无论奉献的对象是人、事物，还是单纯的一种愿景。当爱情仅仅意味着占有欲的时候，它本身是毫无价值的；因此，它与只为赚钱的工作处于同一水平。

为了获得我们所说的那种价值，爱情必须能使人感觉到，所爱之人的自我与自己的自我一样重要，并且对对方的感觉和愿望感同身受。也就是说，接纳对方的自我感觉，必须是出于自我感觉本能的延伸，而不是仅仅出于自我感觉有意识的延伸。但我们这个社会争强斗狠的激烈竞争，以及新教和浪漫主义运动共同造就的愚蠢的个人崇拜，使我们很难获得上述品质。

在思想已经解放的现代人中，我们所关注的严肃意义上的爱情正在遭受一种新威胁。在每一个产生轻微性冲动的场合发生性关系，人们对此不再感到有任何道德束缚，并养成了将性与严肃的情感和爱恋之情区分开来的习惯；他们甚至可能把性与仇恨联系起来。在这方面，奥尔德斯·赫胥黎[1]的小说提供了最好的例证。他笔下的人物像圣保罗一样，只把性交视为生理上的发泄，他们似乎不知道性还关乎更高的价值。这种态度离禁欲主义复兴只有一步之遥。

爱情有它自己恰当的理想和内在的道德标准。无论是在基督教教义中，还是在相当多年轻一代对所有性道德不分青红皂白的反抗中，这些理想与道德标准都模糊不清。脱离爱情的性关系无法给本能带来任何深刻的满足。我并不是说这种性关系永远不应该被允许存在，因为要确保这一点，我们不得不设置过于严格的障碍，从而使爱情也非常难以获得；我想说的是，没有爱情的性关系没有什么价值，性关系应该主要被视为爱情的实验。

我们已经看到，爱情在人类生活中应该占据重要地位，这已得到认可，并被认为非常有道理。但是，爱情是一种无法无天的力量，如果放任自流，它将超越法律或习俗规定的任何界限。只要不涉及孩子，这可能没什么大不了的。但一旦涉及孩子，我们就面临不同的情况：爱情不能再我行我素，而要服务

---

1 20世纪英国作家，代表作有《美丽新世界》等。

于种族繁衍的生物学目的。必须树立一种与孩子利益相关的社会伦理观，一旦与激烈的爱情发生冲突，这种伦理观应能够凌驾于爱情之上。然而，明智的伦理观会最大限度地减少这种冲突，不仅因为爱情本身是好的，而且因为父母彼此相爱时，他们的爱情会滋养孩子。明智的性道德的主要目的之一，是尽可能少地干涉符合孩子利益的爱情。

(选自《婚姻与道德》，出版于1929年)

幸福的人

很显然，一个人的幸福部分取决于外部环境，部分取决于自己。我们在本书中一直关注的是取决于自己的部分，而且推导出了一个观点：就这部分而言，幸福的秘诀非常简单。许多人认为，如果一个人不或多或少信仰些宗教性的信条，幸福对他而言是不可能的。许多实际不快乐的人认为，他们的悲伤有着复杂且十分合情合理的根源。我不相信他们所说的这些是幸福或不幸福的真正原因，我认为它们只是外在表现。通常，不快乐的人会接受不快乐的信条，而快乐的人接受快乐的信条；每个人都可能把自己的幸福或不幸福归因于自己的信仰，而真正的因果关系恰恰相反。

大多数人的幸福离不开某些东西，但这些东西都是平常之物：食物和住所、健康、爱情、成功的工作和自己群体的尊重。

对一些人来说，为人父母也是必不可少的条件。如果缺少这些东西，则只有非凡之人才能获得幸福。但如果一个人拥有了这些东西，或者通过有针对性的努力获得了这些东西，却仍然感到不快乐，那么这个人肯定正在遭受某种心理失调。如果失调非常严重，可能需要去看精神科；但在一般情况下，只要患者能以正确的方式着手，他自己就可以治愈心理失调。

假若外在环境并非绝对不幸，一个人应该仍能获得幸福，只要他将激情和兴趣倾注于外部世界，而不是投向内在世界。因此，无论是在教育方面，还是在努力适应环境方面，我们都应该着力避免以自我为中心的激情，那让我们总是只关注自己的那种情感和兴趣。在监狱里感到快乐不是大多数人的天性，将我们禁锢于自身之内的激情正是最恶劣的监狱。

这些激情中最常见的是恐惧、嫉妒、罪恶感、自怜和自恋。如果怀有这些激情，我们会将欲望集中在自己身上：我们对外部世界没有真正的兴趣，只是担心它会以某种方式伤害我们或无法满足我们的自我。人们之所以如此不愿意承认事实，如此急于把自己裹在荒诞神话的温暖外衣里，主要原因是恐惧。但是荆棘会撕裂温暖的外衣，寒风会穿透裂口；习惯了温暖的人，将比那些一开始就经受寒风磨炼的人更遭罪。而且，那些自欺欺人的人通常从心底知道他们在做什么，并且生活在一种恐惧的状态中，唯恐不愉快的事件会迫使他们不情愿地意识到自己的自欺。

所有以自我为中心的激情的缺点之一,是它们使生活严重缺乏变化。诚然,人们不能指责一个只爱自己的人滥情,但他最终必然会因他所爱的对象(即他自己)一成不变而感到无法忍受的厌倦。有罪恶感的人是在遭受特殊的自恋之苦。在这浩瀚的宇宙中,他觉得最重要的是他自己应该有道德。某些传统宗教形式的一个严重缺陷,就是它们鼓励这种特殊的自我关注。

幸福的人以客观的态度对待生活,拥有自由的情感和广泛的兴趣;他从这些情感和兴趣中获得幸福,并且他的情感和兴趣使他成为很多人喜爱和感兴趣的对象,更增添他的幸福。得到他人的爱是幸福的重要原因,但强行索爱的人往往得不到爱。广义地说,得到爱的就是给予爱的人。但是,企图将给予爱当成一种算计,就像借钱给别人是为了收取利息,这种做法毫无用处;因为出于算计的爱是不真实的,得到爱的人也会感觉到它的虚假。

那么,一个因为自我封闭而不快乐的人能做什么呢?只要他不停地琢磨自己不快乐的原因,他就会继续陷入自我中心,跳不出这个恶性循环;如果想摆脱恶性循环,就必须借助真正的兴趣,而不能只是为了解决这个问题而假装感兴趣。尽管确实存在困难,但如果他能正确地诊断出自己的问题,他仍然有很多事情可做。

例如,如果他的不快乐是有意识或无意识的罪恶感引起的，他可以首先说服自己的意识头脑，他没有任何理由感到有罪，然后通过一些技巧，将这种理性的信念植入无意识中，同时从事一些大体中性的活动。如果他成功地消除了罪恶感，那么真正的客观兴趣可能会自发产生。如果他的不快乐是出于自怜，他可以首先说服自己相信，自己的处境并无特别不幸之处，然后用上述的相同方式加以处置。如果他不快乐的根源是恐惧，就进行增强勇气的练习。战争中的勇气自古以来就被视为一种重要的美德，男孩和年轻男性的大部分训练都旨在培养战斗中无所畏惧的性格。

相比之下，人们对道德勇气和智力勇气方面的研究少得多，但培养这些方面的勇气也有专门的技巧。每天至少接受一个难以接受的事实，你会发现这和童子军日行一善一样有效。告诫自己，哪怕你在品德和智力方面不像实际情况那样远远优于所有朋友，生活仍然是值得的。坚持几年做这样的练习，将最终使你能够毫不畏缩地承认事实，并在许多方面将你从恐惧帝国解救出来。

克服了自恋自怜的毛病后，你会产生什么样的客观兴趣？这个问题必须留待你的本性和外部环境自发解决。不要先对自己说"如果能醉心集邮，我会很高兴的"，然后开始集邮，因为很可能你根本找不到集邮的乐趣。只有真正感兴趣的东西才能对你起作用，但可以肯定的是，一旦你学会不沉浸在自我中，真正的客观兴趣就会滋长。

幸福的生活在很大程度上与高尚的生活是一致的。职业卫道士过分强调克己，这是将重心放错了地方。有意识的克己会让一个人耽于自我，并清楚地意识到他所做的牺牲；因此，这样做往往达不到克己的当前目标，而且几乎永远达不到其最终目标。我们需要的不是克己，而是一种指向外在世界的兴趣。这种兴趣导向促使一个人自然而然地采取行动，而一个只专注于追求自己美德的人，必须通过有意识地克制自己才能采取同样的行动。我是抱着享乐主义的态度来写这本书的，也就是说，我将幸福看成乐事。但享乐主义者眼中值得推荐的行为，大体上与理智的卫道士推荐的相同。

但是，卫道士过分倾向于（当然不是全然如此）强调行为而不是产生行为时的心理状态。一个人的行为对他本人的影响，将会由于心理状态的不同而大为不同。看到一个孩子溺水，你出于帮助他人的直接本能将他救上来，那么你的道德不会受到丝毫损毁。但如果在救人前，你在心里对自己说"帮助无助者是一种美德，我希望成为一个有德之人，因此我必须救这个孩子"，那么你救人以后反而成了比以前更糟的人。这个极端例子中包含的道理，同样适用于其他许多不是那么显而易见的情况。

我一直推荐的人生态度，与传统卫道士推荐的人生态度还有一个更微妙的区别。例如，传统卫道士会说，爱应该是无私的。从某种意义上说,他是对的;也就是说,爱不应该过分自私。但爱无疑应该具有这样一种性质,即爱情圆满能给他自己带来幸福。如果一个男人请求一位女士嫁给他,理由是他热切地想要她得到幸福,同时又认为她会给他提供一个理想的自我克制的机会,那么我很怀疑她会完全乐意。毫无疑问,我们应该渴望所爱的人得到幸福,但不能用对方的幸福来代替自己的幸福。克己主义的教条隐含了自我与外部世界的对立;事实上,一旦我们对自己以外的人或事物产生真正的兴趣,全部的对立都会消失。有了这种兴趣,一个人会开始感觉到自己是生命长河的一部分,而不是像台球那样坚硬而独立的个体,只有在相互撞击时才会与其他类似的个体发生关系。

所有的不快乐都源于某种分裂或缺乏融合。由于意识和潜意识之间缺乏协调,自我内部存在分裂;由于没有用客观兴趣和情感的力量将自我与社会联系在一起,后两者之间缺乏融合。幸福的人不会在这两方面遭受分裂的痛苦,他的个性既不会自我分裂,也不会与世界对立。这样的人将自己视为宇宙的公民,自由地享受宇宙的奇观和欢乐;不会受到死亡的困扰,因为他觉得自己并没有与后来的人真正分离。正是在本性与生命长河如此密切的结合中,诞生出了最大的快乐。

(选自《幸福之路》,1930 年出版)

幸福之路

两千多年来，虔诚的卫道士习以为常地将幸福抨击为堕落的表现，认为它不值得被拥有。斯多葛学派用了好几百年攻击宣扬幸福的伊壁鸠鲁，说他的教义是猪的哲学，并编造谎言诽谤他以显示他们自己的卓越美德。在他们当中，克里安西斯想看到阿利斯塔克受到迫害，因为后者提倡类似哥白尼天文学体系的学说；马可·奥勒留残害基督徒。而斯多葛学派最著名的人物之一塞涅卡，唆使尼禄皇帝作恶，自己大肆敛财，并以离谱的高息贷款给博阿迪西亚女王，迫使她最终发动起义。

陈年旧事就说这么多。跳过接下来的两千年，我们看看一些德国教授的所作所为。他们创造了祸害性的理论，导致德国走向衰落，导致世界其他地区陷入目前的危险状态。所有这些博学的人都蔑视幸福，他们在英国的衣钵传人托马斯·卡莱尔也一样，他总是不厌其烦地告诉我们，我们应该摒弃幸福以获得上帝的天恩。他在相当奇怪的地方看到了天恩：克伦威尔在爱尔兰的大屠杀，腓特烈大帝的嗜血与背信弃义，以及埃尔总督在牙买加的暴行。

事实上，所谓"蔑视幸福"，通常只是蔑视他人的幸福，是为仇恨人类之心披上的优雅伪装。即使一个人真的为了他认为更高贵的东西而牺牲自己的幸福，他也容易对那些理想没有那么高贵的人心生嫉妒，这种嫉妒之情往往会使那些自诩的圣人变得残忍，充满破坏性。

对于如何生活持有一大套理论的人，往往会忘记自然的限制。如果你的生活方式要求你为实现自己设定的崇高目标而不断克制冲动，那么这个目标很可能会让你越来越厌恶，因为实现它所需要付出的努力让你无法承受。人的冲动如果被剥夺了正常的发泄出口，通常会寻找其他出口，有可能表现为怨恨。如果你允许自己有一点点快乐，那么这些快乐就会与你的主流生活脱节，变得轻浮放荡。这种快乐不会带来幸福，只会带来更深的绝望。

道德家们常说，刻意追求幸福就得不到幸福。只有追求幸福的手段不明智时，这句话才是对的。蒙特卡洛的赌徒追逐金钱，结果大多数人反而输得精光，但还有其他追逐金钱的方式往往会取得成功。幸福也是如此。如果你从酒杯里寻找幸福，那你是忘记了宿醉的滋味。伊壁鸠鲁生活在志趣相投的群体中,只吃干面包,偶尔大快朵颐时补充一点奶酪;他用这样的生活方式来追求幸福。对他来说,他的方法已被证明是成功的,但他体弱多病,大多数人肯定需要更多能量。对大多数人来说,追求幸福这个说法过于抽象,过于理论化,不足以作为个人生活的准则,除非对追求幸福的各种手段与方法加以补充说明。但我认为,无论你选择什么样的个人生活准则,都不应该与幸福相悖,除非是在罕见的悲壮情形下。

很多人拥有获得幸福的物质条件,即健康的身体和足够的收入,然而非常不幸福。在美国尤其如此。这种情况似乎只能归咎于错误的生活理念。从某种意义上,我们可以说,任何关于如何生活的理念都是错误的。我们以为我们与动物之间的区别比实际区别更大。动物依靠冲动来生存,只要外部条件有利,它们就会快乐。如果你有一只猫,只要有足够的食物、温暖的窝和偶尔在屋顶上睡一夜的机会,它就会享受生活。你的需求比你的猫更复杂,但它们仍然以本能为基础。在文明社会,尤其是在讲英语的社会中,这一点很容易被忘记。人们给自己提出一个至高无上的目标,并抑制一切无助于实现目标的冲动。一个商人可能太急于致富,为此牺牲健康和私人感情。当他最终变得富有时,他已没有多少快乐可言,只能通过劝诫别人效仿他的高尚榜样来折磨他们。许多富有的女性,虽然大自然没有赋予她们对文学或艺术的天然兴趣，但她们执意要显得有教养，不惜强忍枯燥，把大把光阴耗费在学习如何正确地谈论时尚新书上。她们从未想到，这些书写出来本是为了给人带来快乐，而不是给势利眼提供显摆的机会。

如果你身边有看起来过得幸福的男人和女人，你会发现他们有某些共同点。其中最重要的是，他们都从事某项活动，这个活动本身在大多数时候令人愉快，并且它会慢慢酝酿出一些你很乐意见到的结果。那些本能地喜爱自己孩子的女性（很多女性，尤其是受过教育的女性，都缺乏这种本能的喜爱），可以从抚养子女中获得这种满足感。同样，如果艺术家、作家和科学家对自己的工作感到满意，他们也会获得幸福。但同样的快乐也有很多更普通的表现形式。许多在城里工作的男性愿意把周末时光都花在自家花园的修修剪剪上。春天来临时，他们就沉浸在亲手创造的美景的愉悦之中。

没有活动就不可能快乐，但如果从事的活动过于繁重或令人厌恶，也不可能快乐。某项活动如果非常明显地符合期望的目的，并且本身也与本能不相违背，它就会令人愉快。狗追兔子的时候，会追到精疲力尽的地步，并且一直都很开心；但如果你把狗放在跑步机上，半小时后给它一顿丰盛的晚餐，那么它在吃到晚餐之前不会开心，因为它做的事不合它的天性。我们这个时代面临的困难之一，是在这个复杂的现代社会里，人必须做的事情很少有几件像狩猎那样符合人的本性。其结果是，在技术先进的群体中，大多数人必须在谋生的工作之外去找乐。如果工作让他们精疲力尽，那他们的快乐往往是被动的。看足球比赛或看电影几乎没法带来多少满足感，也绝不会满足他们的创造性冲动。而活跃的球员得到的满足感完全不同。

希望受到邻居尊重、害怕被他们瞧不起，这种心理驱使人们（尤其是女性）不按自己的本能行事。永远"正确"的人永远无聊，或者说接近于永远无聊。母亲教导孩子克制生活的乐趣，像泥塑木雕一样不苟言笑，以免别人觉得他们来自社会下层，低于父母所向往的社会阶层；这样的情形令人心碎。在一个竞争激烈的社会，追求社会成功，也就是获得名望或权力，或者两者兼得，是幸福最主要的障碍。我并不否认，对于一些人来说，成功是幸福的一个组成部分，而且是非常重要的组成部分，但成功本身并不足以使大多数人满意。你可能很富有，很受人钦佩，但如果你没有朋友，没有兴趣，没有自发的非功利性的乐趣，你的生活会很悲惨。为社会成功而活，是按教条生活的表现，而所有的教条生活都是黯淡无光、枯燥乏味的。

一个身体健康、吃穿不愁的人要获得幸福，需要做两件事；乍看起来，这两件事可能显得有些对立。首先，需要围绕中心目标建立一个稳定的原则框架；其次，需要有所谓的"游戏"活动，即仅仅因为有趣而不是因为服务于某种严肃目的而去做的事情。原则框架必须能体现自己内心相当恒定的动机，例如与家庭或工作有关的动机。如果家庭变得越来越可恨，或者工作变得越来越令人厌烦，它们就再也无法带来幸福；但是，只要这些感觉不是持续存在，还是值得偶尔忍受一下。如果好好利用"游戏"的机会去排遣这些情绪，它们就更不太可能持续存在。

在我看来，整个对幸福主题的讨论都过于严肃了。人们一直认为，缺乏生活的理论或宗教信仰，就不会感到幸福。那些因为遵循糟糕的理论而变得不快乐的人，也许需要找到更好的理论来帮助他们康复，就像生病要吃补药一样。但在一切正常的情况下，无需补药也能保持健康，无需理论也能获得快乐。真正重要的反而是简单的事情。如果一个人喜爱妻子和孩子，在工作中取得成功，在昼夜与春秋的更替中都能找到乐趣，那么无论他的哲学是什么，他都会快乐。反过来，如果他觉得妻子讨厌，孩子的吵闹难以忍受，工作是一场噩梦，在白天他渴望夜晚的宁静，而在夜晚又渴望白昼的光芒，那么他需要的不是新的哲学，而是新的养生法——不同的饮食，或更多的锻炼，等等。

人是一种动物，他的幸福对生理的依赖超出了他能想象的程度。这不是一个宏大的结论，但我无法让自己怀疑它。我相信，闷闷不乐的商人若能每天步行六英里，比任何人生哲学上的改变都更能增加幸福感。顺便提一句,这也是杰斐逊的观点。出于这个理由,他强烈反对以骑马代替步行。而如果他能预见到汽车的出现,他将会更加无言以对。

(选自《幸福之路》,1930年出版)

教育本质上是建设性的，
需要对什么是美好生活
有积极的认识。

第二部分 教育与美好生活

论教育

除非既适用于成年男女，又适用于儿童，否则任何政治理论都不合格。理论家一般没有子女，即便有，他们也会小心避开，免得孩子年幼不安分，过于吵闹而打扰他们。有些理论家也写过教育方面的著作，但通常他们在写作时，头脑里并未想到任何真实的孩子。那些对儿童有所了解的教育理论家，如幼儿园的创办者和蒙台梭利体系的发明者，也并非总是对教育的最终目标有足够的认识，所以不能成功地给予先进的教导。我不具备儿童或教育方面的知识，无法弥补他人著作中可能存在的任何缺陷；但有些问题涉及教育作为一种政治机制的方面，关系到社会重建的希望，而教育理论家通常不会予以考虑，我想讨论的正是这些问题。

教育在塑造性格和观点方面具有巨大的影响力，这一点得到了普遍的认同。大多数孩子几乎是在不知不觉中吸收了父母和老师的真实信仰，尽管这些信仰通常与他们嘴上说的并不一致。即使孩子在以后的生活中背离了这些信念，其中的某些东西仍然根深蒂固，随时准备在有压力或危机时冒出来。

通常，教育是维护现存体制和反对根本性变革的最强大力量。受到变革威胁的机构，在它们仍然强大的时候，拥有自己的教育机器，会向具有可塑性的年轻人头脑里灌输对自己卓越的尊重。改革者则试图将他们的对手从优势地位赶下台来进行反击。双方都不考虑孩子本身；在他们眼里，孩子只是众多的材料，等待被招募到一方或另一方的队伍中。

如果考虑孩子自身的利益，教育的目的就不是将他们纳入这一派或那一派，而是让他们在各派之间做出明智的选择；目的是让他们能够思考，而不是只按照老师的想法思考。如果我们尊重儿童的权利，教育作为政治武器的情况就不可能存在。如果我们尊重儿童的权利，我们应该教育他们具备形成独立意见所需的知识和心理习惯。但是教育作为一种政治机制，却会对习惯和知识进行限制，目的是使一套观念的形成成为必然。

公平和自由这两项原则涵盖了社会重建的大部分需要，但就教育而言，只有这两项原则本身是不够的。从字面来说，公平意味着权利平等，但对儿童来说显然不可能完全适用。至于自由，首先它本质上是消极的：它谴责一切本可避免的干涉自由的行径，却没有给出建立自由的积极原则。但教育本质上是建设性的，需要对什么是美好生活有积极的认识。

在教育中，尽管只要与教学目标相一致就应尽可能尊重自由，尽管只要在不妨碍教学的情况下就应允许比平常多得多的自由，但很明显，如果要教孩子任何东西，就不可避免地会偏离完全的自由，除非是异常聪明的孩子与更多正常的同伴分开单独接受教育。

这就是教师责任重于泰山的原因之一：孩子们必须或多或少地听从长辈的摆布，而不能让自己成为自己利益的守护者。在教育中，权威在某种程度上是不可避免的，施教者必须找到一种符合自由精神的方式来行使权力。

在权威不可避免的领域，敬畏之心必不可少。一个人要真正做好教育，培养年轻人成长为一个完整的人，必须始终充满敬畏之心。主张建立类似于机器锻造的铁一般冷酷系统的人，缺乏的就是对他人的尊重：改革者和保守分子试图强迫人类精神进入军国主义、资本主义、费边主义和其他各种监狱。在教育方面，规章制度来自政府部门，学校班级庞大，课程固定，老师超负荷工作，加上教育的目的是制造整齐划一的肤浅平庸，以致缺乏对孩子的尊重几乎是普遍现象。尊重他人需要具备想象力和生命的温情；而尊重那些缺乏实际成就或权力的人，则需要最大的想象力。

孩子弱小而且看起来愚蠢，老师则显得强大，在日常生活中又比孩子聪明。缺乏敬畏的老师，或者缺乏敬畏的官僚，很容易会因为孩子这些外在的劣势而轻视他们。他会认为"塑造"孩子是他的责任：想象中，他是一个面对黏土的陶工。所以他会将孩子捏成不符合其天性的形状，随着年龄的增长而变硬，产生压力和精神上的不满，并由此生出残忍和嫉妒，并认为其他人也必须被迫经历同样的扭曲。

有敬畏之心的人则不会认为他有责任"塑造"年轻人。他会觉得所有的生命，尤其是人类中的儿童，他们身上有着某种神圣的东西，难以界定，不可限制；有着某种独特的东西，奇异而珍贵；有着不断增长的生命原则；在他们身上可以看到世界悄无声息蓬勃发展的影子。在孩子面前，他感到一种不可言喻的谦卑———一种经不起理性衡量的谦卑，但在某种程度上它比许多父母和老师天然的自信更接近智慧。孩子外在的无助和对依赖的诉求，让他意识到被信赖的责任。他的想象力向他展示出孩子可能会变成什么样子，可能是好也可能是坏；展示出孩子的冲动可能会如何发展或遭到挫败；孩子的希望如何必然变得黯淡，生命如何渐失活力；孩子的信任感将如何受到挫伤，急切的欲望将如何被深思熟虑的意志取代。这一切都让他渴望在孩子自己的战斗中帮助孩子；他会武装孩子，拓展孩子的力量，不是出于国家或其他非个人的权威提出的某种外部目的，而是为了帮助孩子实现其暗中求索的目标。有这种感觉的人可以在不违反自由原则的情况下行使教育者的权威。

国家和教会以及从属于它们的大机构办教育，并不是本着尊重他人的精神进行的。教育中很少考虑男孩或女孩、年轻男子或年轻女子，而总是以某种形式维护现有秩序。当个人被纳入考虑时，则主要围绕如何获得世俗的成功——赚钱或得到一个好职位。成为一个平凡的人，学会生存的艺术，是年轻人被灌输的理想；少数稀有的老师除外，他们有足够的信念之力来突破人们期待他们遵循的工作系统。

几乎所有的教育都有政治动机：旨在加强某些群体——无论是民族、宗教还是社会方面的——与其他群体的竞争。大体上，正是这种动机决定了所授科目、提供的知识和有意保留的知识，也决定了学生应该获得什么样的心理习惯。教育很少考虑做些什么来促进孩子心灵和精神的内在成长。事实上，那些受过最多教育的人，他们的心智和精神生活往往是萎缩的，没有冲劲，只具有某些机械的能力，而这些能力取代了鲜活的思想。

教育目前已经取得的成就，今后在任何一个文明国家都必须继续通过教育来获取。所有儿童都必须继续接受教育以学习如何阅读和写作，有些儿童必须继续获得医学、法律或工程等专业所需的知识。科学和艺术所需的高等教育对于适合的人来说是必要的。除了历史、宗教和类似的主题，实际教学只是不充分，并没有绝对的伤害。可以以更自由的精神来传授这些知识，将更多的努力用于显示知识的最终用途；当然，其中大部分知识是传统的，已经消亡。但总的来说，它们是必要的，并且必须成为教育系统的一部分。

在历史、宗教和其他有争议的主题中，实际的教导是有害的。这些科目触及学校得以维持的利益；这些利益维持着学校的存在，目的是在这些主题上灌输某些特定的观点。在每个国家，讲授历史都会夸大宣扬本国：孩子们学会了相信自己的国家总是正确，永远都能取得胜利，产生了几乎所有的伟人，在各方面都优于其他各国。由于这些信念很讨喜，它们很容易被吸收，并且很难被后来的知识从本能中剔除。

举一个简单而微不足道的例子：人们对滑铁卢战役的事实知道得非常详细，也很准确；但在英国、法国和德国，小学所教授的事实却大相径庭。一般的英国男孩认为，普鲁士人在这场战役中几乎没有发挥任何作用；一般的德国男孩则认为，当普军统帅布吕歇尔英勇地反败为胜时，威灵顿将军实际上已被打败。如果这两个国家都准确地传授了事实，那么就不会培养出同样程度的民族自豪感，两个国家就都不会对在战争中取胜如此确信，战争的意愿也会降低。但这正是这两个国家要防止出现的结果。每个国家都希望促进民族自豪感，并意识到这个目标不能通过公正地讲述历史来实现。毫无防御能力的儿童接受着扭曲、强制和充满暗示的教育。各国教授的关于世界历史的错误观念会鼓励冲突，有助于维持顽固的民族主义。如果国家之间希望建立良好关系，那么第一步应该是将所有历史教学提交给一个国际委员会，由该委员会来编写中立的教科书，摆脱目前各国都要求灌输的爱国偏见。

宗教也是如此。小学实际上总是掌握在某些宗教团体或对宗教持特定态度的国家手中。宗教团体之所以存在，是因为其成员都对一些无法确定真相的事持有明确的信念。由宗教团体开办的学校必须防止那些天性好奇的年轻人发现这些明确的信念遭到了另一拨同样持有不合理信仰的人的反对；而且要防止年轻人发现，许多明智的人认为没有充分的证据支持任何明确的信仰。在好战的世俗国家，如法国，公立学校变得像教会学校一样教条主义（我知道在法国小学里不能提到"上帝"一词）。所有这些例子的结果都是一样的：自由探索受到限制，在涉及世界上最重要的事情时，孩子遇上了教条或冷酷的沉默。

这些弊病不仅存在于基础教育中。在更高等的教育中，它们以更微妙的形式出现，尽管得到了更多掩盖，但它们的确存在。伊顿公学和牛津大学就像耶稣会学院一样，给人的思想打上特定的烙印。很难说伊顿公学和牛津大学有一个有意识的目标，但并不因为它们的目标未被制定出来而降低其威力和影响。

在几乎所有在这里上过学的人身上，它们都培养出了对"礼仪"的崇拜，这种崇拜对生活和思想造成的破坏性不亚于中世纪教会的所作所为。

"礼仪"表面上表现得思想开放，愿意倾听各方意见，并在对手面前保持适当的谦恭，却与根本的思想开放并不相容，也不容许内心存有一丝重视对方的意愿。它的本质是一种假定推理，认为最重要的是培养某种特定的行为方式，这种行为方式能最大限度地减少与势均力敌的人之间的摩擦，并巧妙地给地位不如自己的人留下深刻印象，让他们自惭形秽。在势利的民主社会，"礼仪"是维护富人特权的极为有效的政治武器。它可以为有钱但没有强烈信仰也没有雄心壮志的人创造舒适的社会环境，从这点来看，它是有价值的。除此之外，它都是可鄙的。

"礼仪"信念的弊端有两个：第一，绝对相信自身的正确；第二，相信正确的举止比智力、艺术创作、活力或其他世界进步之源更值得追求。绝对相信本身就足以摧毁持有绝对信念的人的所有精神成长。杰出的精神力量不可避免地会表现出棱角分明、举止不当，当"礼仪"中夹杂了对这些杰出心灵的棱角和举止的轻蔑时，就会成为所有接触到它的人的毁灭之源。

"礼仪"本身是死的，无法成长；通过对待没有"礼仪"的人的态度，它把自己的死亡传播给许多本来生机勃勃的人。对富裕的英国人，对那些才华足够吸引富人阶层注意到他们的人，它造成的伤害是无法估量的。

如果教育的目的是制造信念而不是培养思想，是强迫年轻人对可疑的事情持肯定意见，既不允许他们看到疑点，也不鼓励他们独立思考，那么，阻止自由探究就是不可避免的结果。教育应该培养对真理的渴望，而不是灌输某个特定信念就是真理。但是，教会、国家和政党等好斗的组织就是用信念将人们团结在一起的。信念的坚定程度决定了战斗的效率：胜利属于那些对某些事情抱有最坚定态度的人，而本来怀疑才是对待那些事情唯一理性的态度。

为了培养坚定的信念，为了实现战斗的高效，他们扭曲孩子的天性，限制孩子们自由的视野，用各种禁忌来抑制新思想的成长。那些头脑不活跃的人，会形成很多偏见；而少数思想不能被完全扼杀的人则容易变得愤世嫉俗，思考力下降；他们的批判具有毁灭性，能让一切鲜活的东西看起来都很迂腐，傻里傻气；他们破坏孩子们的创造性冲动，自己又无法提供创造力。

通过压制思想自由取得的胜利是短暂的，也毫无价值。从长远来看，精神活力对于成功和美好生活同样重要。将教育视为一种训练形式，一种通过培养奴性产生一致意见的手段，这种观念非常普遍，维护这个观念的主要理由是它会带来胜利。那些喜欢借鉴古代历史的人会举出斯巴达战胜雅典的例子来支持自己的观点。但影响人类思想和想象力的是雅典，而不是斯巴达：我们中的任何一个人，如果可以穿越回到过去的某个时代，一定宁愿生为雅典人而不是斯巴达人。在现代世界中，实际事务严重依赖于智力来解决，因此，即使是表面的胜利，也更有可能靠智力而不是顺从来赢得。教人轻信的教育会导致精神迅速衰退；只有保持自由探索的精神，才能取得必不可少的最低限度的进步。

某些心理习惯通常是由教育者灌输的：服从命令，遵守纪律，为世俗成功无情奋斗，藐视对立群体，不加疑问地轻信，被动接受老师传授的知识。所有这些习惯都与生命原则相悖。我们应该着眼于保持独立和冲动，而不是服从和守法；教育应该努力培养思想上的正义，而不是冷酷无情；应该灌注敬畏之心和努力理解他人的观念，而不是藐视；对于他人的意见，教育不应导向一致的认同，而应启发合适的反对，这种反对结合了想象和理解，并具有清晰的理由。与其轻信，教育的目标应是激发建设性的怀疑，对精神冒险的热爱，以及用进取和大胆思考征服世界的感觉。

安于现状，对思想漠不关心，将政治目的置于学生个人利益之上，是产生这些弊病的直接原因；但在这些原因之外，还有一个更重要的因素，就是将教育看作控制学生而不是滋养学生自身成长的手段。正是这一点滋生了缺乏敬畏的现象；只有培养更多的敬畏心，才能实现根本的改革。

如果要在课堂上维持秩序，如果要做出任何指令，服从和守纪就必不可少。这在一定程度上是对的，但其程度要远低于那些将顺从和守纪本身视为可取品质的人所认为的程度。顺从就是让自己的意志屈服于外界的指示，对应的是对权力的顺从。在某些情况下，服从和守纪可能是必需的。顽固的儿童、疯子和罪犯需要权力压制，强制服从。但这种必要性是一种不幸：人所渴望的乃是自由选择的目标，不需要被干涉。教育改革者已经证明，在不加干涉的情况下自由选择目标，其可行性比我们父辈所相信的要大得多。

在学校里，服从似乎是必要的，这是因为错误的节俭政策迫使学校采取大班教学，老师不得不超负荷工作。那些没有教学经验的人，无法想象真正活生生的教学需要付出多大的精力。他们认为，期望教师与银行职员做同样时长的工作是合理的。结果便是老师筋疲力尽，神经过敏，从而只能机械地完成一天的任务。而如果要机械地完成任务，就必须强制学生服从。

如果我们严肃认真地对待教育，将保持孩子们的思想活力看得和赢得战争一样重要，我们就会以完全不同的方式对待教育：即使费用比现在高出一百倍，我们也会确保达到目的。对许多人来说，少量教学是一种乐趣，可以满怀热情，充满活力；反过来，这又能使大多数学生保持兴趣而无需任何惩戒。少数不感兴趣的学生可以与其他人分开，教师会给予不同的指导。教师的工作应该适量，使他们在大多数日子里能带着快乐工作，并意识到学生的心理需求。如果这样的话，老师和学生之间的关系就会十分友好而不是充满敌意，大多数学生都会意识到接受教育是为了发展他们自己的生命力，而不只是一种外在的强制——如果是出于强制，他们的游戏活动会受到干涉，并被要求长时间一动不动地坐在座位上。要实现这样的效果，所需要的只是增加财政支出，确保教师有更多闲暇并保持对教学的自然热爱。

很大程度上，学校中存在的纪律是一种邪恶。但要取得任何成就，有一种纪律不可或缺；那些反对传统的、纯粹用蛮力强制执行纪律的人，可能还没有充分意识到这种纪律的价值。理想的纪律发自内心，在于坚定地追求一个遥远的目标，并愿意在过程中放弃很多快乐，忍受一些磨难。这要求冲动服从意志的支配；要求具有一种力量，用强烈的创造性愿望去指导自己的行动，即使这些愿望尚不明晰。没有这一点，任何强烈的野心，无论好坏，都无法实现，也没有始终如一的目标可做主宰。

这种纪律非常必要，但它只能来自对无法立即实现的目标的强烈渴望，并且只有在教育能够培养出这种渴望的前提下，这种纪律才能产生。而目前的教育却很少去培养这样的渴望。

这种纪律源于个人的意志，而不是外部权威。对我来说，这种纪律不是一种邪恶，但大多数学校所推行的纪律不在此列。

基础教育鼓励学生消极服从的纪律不可取，现有的教育中也几乎没有人去鼓励始终如一进行自我指导的道德纪律。不过，传统的高等教育还是教育出了某种纯粹的心理纪律。我指的是那种使人能够将其思想集中到他要思考的事情上来的纪律，不管他当时正在盘算什么，不管他要考虑的事情有多无聊或者智力上有多困难。这种纪律性虽然没有重要的内在卓越性，但极大地提高了头脑作为思考工具的效率。正是这种纪律性让律师能掌握一个科学专利案件的细节，尽管在判决后他就将这些细节忘得干干净净；它使一个公务员能连续快速地处理许多不同的行政问题。也正是这种纪律性让人在工作时间忘记了私事。在一个复杂的世界，对那些工作需要集中精力的人来说，这是非常必要的能力。

成功地培养心理纪律是传统高等教育的主要优点。如果不通过强制或说服的手段使学生对规定任务予以积极关注，我怀疑这种纪律性是否能够获得。主要是出于这个原因，我不相信童年时期过去后，像蒙台梭利夫人提出的那种方法仍然适用。其方法的精髓在于提供一种职业参考，其中任何一种职业对大多数孩子来说都是有趣的，而且富有启发性。孩子的注意力完全是自发的，就像在玩耍一样；孩子乐于以这种方式获得知识，并且不会获得任何不想要的知识。我深信这是对幼儿最好的教育方法，实际的结果也让人几乎不可能有其他看法。但很难看出这种方法如何促进用意志控制注意力。很多必须思考的事情都是无趣的，即使是刚开始很有趣的事情，一旦成为必做之事，常常会还没开始思考就已经觉得乏味了。

长时间集中注意力的能力非常重要，不过，除非最初在外界压力下形成习惯，否则这种能力很难普遍获得。诚然，少数男孩有足够强烈的求知欲，愿意在自己的主动性和自由意志驱使下去做一切必要的事情；但对所有其他人来说，必须有外部诱因才能促使他们认真学习所有科目。教育改革者有一种恐惧，害怕要求学生付出巨大努力，尤其是在这个大部分人都越来越不愿意忍受枯燥无聊的时代。

这两种趋势都有好的一面，但也都有危险。只要能够充分激发孩子的求知欲和雄心壮志，只需提出建议，帮助他们在心理出现动摇时保持纪律，而无需外在强迫。一个好老师应该能够在任何有很大心理提升潜能的孩子身上做到这一点；对于其他许多人来说，目前纯粹的书本式教育可能不是最好的。

因此，只要心理纪律的重要性得到充分认识，那么在时机成熟的时候，就可能通过唤起学生对自身需要的意识，来帮助他们获得心理纪律。不过如果不要求老师成功掌握这个方法，他们就很容易陷入懒散沉闷的状态，将他们自己的错误归咎到学生身上。

只要社会的经济结构保持不变，经济斗争中的冷酷无情几乎不可避免地会在学校里传授。在面向中产阶级子弟的学校中尤其如此；它们的评分取决于父母的好评，因此会通过宣传学生的成功来获得父母的好感。这是国家竞争性组织的众多危害之一。

对知识自发且不带功利目的的渴望在年轻人中并不少见，并且也可能很容易在渴望仍处于潜伏状态的人中被唤醒。但它被那些只想着考试、文凭和学位的老师无情地遏制。能力强的男孩从第一次上学到离开大学，都没有时间思考，没有时间恣意品味知识美味。自始至终，除了冗长乏味的考试技巧和教科书上的事实之外，什么都没有。最聪明的学生到头来厌恶学习，只想忘记功课并逃到实际生活中去。然而，和以前一样，经济机器将他们囚禁在那里，他们所有自发的欲望都历经挫伤，伤痕累累。

考试制度，以及教育主要被视为一种谋生培训的事实，导致年轻人从纯粹功利的角度来看待知识，将其视为通向金钱的道路，而不是通向智慧的大门。如果它只影响到那些没有真正求知欲的人，倒还不那么重要。但不幸的是，它影响了大多数求知欲最强的人，因为落在他们身上的考试压力最重。对他们大多数人来说，某种程度上也是对于所有人来说，教育似乎是一种获得优势的手段。它彻头彻尾地遭到了无情的社会不公和对此现象的粉饰美化的玷污。任何自由、公正的考量都表明,无论乌托邦中可能存在何种不平等,现实社会的不平等几乎都与正义背道而驰。但是我们的教育系统倾向于对除了失败者之外的所有人隐瞒这一点,因为那些成功的人正在从不平等中大获其利,并得到指导他们教育的人的大力鼓励。

对大多数男孩和女孩来说,被动接受老师的智慧很容易。它不需要付出独立思考的努力,并且这样做看起来合情合理,因为老师比学生知道得更多;这还是一个赢得老师青睐的方法,除非老师的确是一个非常杰出的人。然而,被动接受的习惯会在以后的生活中酿成灾难。它促使人们去寻求领导者,并接受任何得到了领导职位的人。它赋予教会、政府、党团小组和所有其他组织以权力,任其误导普通人支持对国家和对自己有害的旧制度。

即使教育竭尽全力加以促进,也可能不会有太多的思想独立性,但肯定会比目前更多。如果教育目标是让学生思考,而不是让他们接受某些结论,那么它的实施方式就会大不相同:教学速度会变慢,讨论会变多,鼓励学生表达自己的机会更多,教育者会更努力使教育关注学生感兴趣的事情。

最重要的是,教育者将努力唤起和激发学生对精神冒险的热爱。我们生活的世界千姿百态,令人惊奇:有些事情看似平淡无奇，但越想就发现它们越难理解；其他一些可能被认为是不可能发现的东西，却被人们凭借天才和勤奋揭示了出来。思想可以掌握广阔的领域，在更广阔的领域它只能加以模糊的设想；思想的力量将给予那些头脑超越日常生活的人以惊人的丰富材料，使他们摆脱熟悉的日常生活带来的琐碎和乏味，使整个生命都充满兴趣，打破平庸的监狱围墙。对冒险的热爱将人带到了南极，对进行决定性较量的热情使一些人向往战争；而同样的热爱和热情可以在创造性头脑中找到一个出口，它既不会造成浪费也不会带来残忍，而会将人类精神从未知领域中采撷的光芒化为生活的智慧，从而提升人类的尊严。将这种快乐或多或少地给予所有有能力独立思考的人，是我们重视心灵教育的最高目标。

有人会说，精神冒险的乐趣一定很稀有，能体会的人少之又少，普通教育无法将这么充满贵族气息的奢侈品位纳入范畴。我不相信这个论调。与成年男女相比，年轻人能更常体会精神冒险的乐趣。儿童享受精神冒险的乐趣是非常常见的现象，这种乐趣在他们喜欢虚构和幻想的年纪自然而然滋生起来。在他们以后的生活中这种乐趣就变得罕见了，因为在接受教育期间，教育所做的一切都是为了消除这种乐趣。人们害怕思想，比害怕世上其他任何事情更甚，包括毁灭甚至死亡。思想具有颠覆性、革命性和破坏性，让人觉得可怕；思想对特权、现有体系和舒适的习惯毫不留情；思想无视秩序和法律，漠视权威，对久经时代考验的智慧也不屑一顾。思想直视地狱深渊却不露丝毫惧色。它看到人类像微小的尘埃，被无边的寂静所包围；然而它却傲然挺立，不为所动，仿佛自己是宇宙的主宰。思想伟大、敏捷、自由，它是世界之光，是人类的最高荣耀。

但是，如果要让思想成为多数人的财产，而不是少数人的特权，我们就必须摆脱恐惧。是恐惧阻碍了人们获得思想——他们害怕所珍视的信仰被证明是谬误，害怕他们赖以生存的制度被证明是危害，害怕他们被证明不如自己想象的那样值得尊重。"应该允许工人自由地思考财富问题吗？那样的话我们富人会变成什么样子？应该允许青年男女自由地思考性问题吗？那样的话道德会变成什么样子？应该允许士兵自由地思考战争吗？那么军纪会变成什么样子呢？远离思想！重新站到偏见的阴影里去，以免财产、道德和战争受到威胁！愚蠢、懒惰和压抑的人胜过思想自由的人。因为如果他们的思想是自由的，他们可能不会像我们那样思考。必须不惜一切代价避免这场灾难。"思想的反对者在他们灵魂的无意识深处这样争论。所以他们在所掌握的教堂、中小学和大学里采取行动以扼杀思想。

任何受恐惧支配的机制都不能促进生命的成长。希望，而不是恐惧，才是人类事务中的创造性原则。使人变得伟大的一切都源于对美好事物的努力争取，而不是对邪恶事物的尽力规避。正因为现代教育很少受到伟大的希望激发，所以很少能取得伟大的成果。保留过去的愿望，而不是创造未来的希望，是那些控制教育的人的主导思想。

教育的目的不应是让人机械记忆已有的事实，而应积极面向我们要努力创造的世界。

教育的灵感不应来自对希腊和文艺复兴时期逝去的美景的惋惜，而应来自对未来社会的美好憧憬，对未来思想胜利的展望，对人类宇宙视野不断扩大的向往。

本着这种精神接受教育的人将会充满生机、希望和喜悦，能够承担起自己的责任，为人类带来一个比过去更光明的未来，相信人类将创造辉煌。

（选自《社会改造原理》，出版于1916年）

教育的目的

在考虑怎样教育孩子之前,最好对我们想要取得什么样的成果做到心里有数。阿诺德博士要让孩子获得"谦卑之心"(humbleness of mind),而亚里士多德主张的"宽宏之士"(magnanimous man)则不具备这种品质。尼采的理想是非基督教的,康德也是如此。基督要求世人仁爱,但康德教导人们,任何以爱为动机的行为都不可能真正有美德。哪怕人们对构成良好品质的因素意见一致,但他们可能会对这些因素的相对重要性各执己见。有人可能会强调勇敢,有人可能重视学习,另外的人可能注重友善，还有人追求正直。比如老布鲁图斯[1]，可能会把个人对国家承担的义务置于家庭感情之上；而另一些人，比如孔子，可能把家庭伦理置于第一位。所有这些分歧都会给教育带来差异。我们必须先对自己想培养什么样的人才有一个概念，然后才能对我们认为最好的教育有一个明确的看法。

当然，一位教育者教育出来的孩子可能与他设定的目标完全不同，从这个意义上看，可能是因为教育者的愚蠢。乌里亚·希普[2]在一所慈善学校学习如何保持谦卑的课程，但实际结果跟课程初衷大相径庭。不过，总体说来，那些最有能力的教育家还是取得了相当的成功，像中国文人、现代日本人、耶稣会士、阿诺德博士以及美国公立学校政策的指导者。所有这些人都取得了巨大成就，虽然方式各不相同。他们在不同的情形下设定的目标大不相同，但是基本上都实现了预期目标。在我们自己努力确定应该为教育设定何种目标之前，可能有必要先花点时间来研究一下这些不同的教育体制。

在某些方面，传统的中国教育和鼎盛时期的雅典教育非常相像。雅典的男孩被要求从头到尾背诵荷马史诗，中国的男孩也被要求熟记儒家经典。雅典人通过外在的礼拜仪式学会如何

---

1 古罗马政治家，其子马可斯·布鲁图斯是罗马共和国后期元老院议员，曾得到恺撒大帝的悉心栽培，但组织参与了谋杀恺撒。
2 狄更斯小说《大卫·科波菲尔》中的伪君子。

对众神表示敬畏，并且不给自由思考设置障碍。与之类似，中国人学习与祖先崇拜相关的特定仪式，但并不意味着他们必须接受仪式所包含的信仰。人们期望受过教育的成年人持有平和而优雅的怀疑主义态度：什么事情都可以讨论，但断然定论会被视为是粗鄙的表现；各种观点应该能在餐桌上愉悦讨论，但不需要人们为之相互争论。卡莱尔（Carlyle）[1]称柏拉图是"一位高贵的雅典绅士，即使在圣地也总是优哉游哉"。这种"即使在圣地也总是优哉游哉"的风度也可以在中国圣贤身上找到，但基督教文明所孕育的圣贤身上通常缺乏这种风度，除非他们像歌德那样深受希腊精神的熏陶。雅典人和中国人一样，都愿意尽情享受人生，而且他们对于享乐的观念也因他们精致细腻的审美而得到升华。

但这两种文明之间也存在巨大差异，这是由如下事实造成的：总体来说，希腊人精力旺盛而中国人散漫懒惰。希腊人将旺盛的精力投入艺术、科学以及相互杀戮，并在这些方面都取得了空前成功。政治与爱国主义是希腊人发泄精力的实际出口：当一位政客被驱逐后，他会率领一帮流亡的人去攻打他的家乡城邦。而一名中国官员被贬谪后会退隐山林，写诗自娱，享受田园生活的乐趣。因此，希腊文明会自我毁灭，但毁灭中国文

---

[1] 19世纪英国哲学家、历史学家和评论家。

明的力量只可能来自外部。然而，这些差异似乎并不能完全归因于教育，因为儒家思想在日本从未产生像中国文人阶层特有的那种闲散优雅的怀疑主义，京都的贵族是例外，他们形成了类似圣日耳曼区[1]人的群体。

中国的教育造就了稳定和艺术，但未能产生进步或科学。这也许可以看成怀疑主义预期带来的自然结果。强烈的信念要么带来进步，要么带来灾难，但绝不会是稳定。即使在攻击传统信念时，科学也仍然有自己的一套信念，但它在文人怀疑主义盛行的氛围里很难得到蓬勃发展。各种现代发明造就了一个好斗的世界，在其中的各民族需要有活力以求自保。而且没有科学，民主也不可能实现：中国文明仅限于少数受过教育的人，而希腊文明则基于奴隶制。由于这些原因，中国的传统教育不适应现代社会，并且已经被中国人自己抛弃了。18世纪出现的在某些方面跟中国文人相似的有教养的绅士，出于同样的原因，现在也已不可能出现了。

现代的日本生动地阐释了所有大国都有的一个显著趋势，就是将国家强盛作为教育的最高目标。日本教育的目标是培养充满为国献身热情的公民，同时通过学习知识成为有用之才。对于日本为达到双重目的所采取的手段，我无法给予充分的赞

1　法国巴黎的一个贵族区域。

誉。自佩里将军的舰队抵达之后，日本人一直处于难以自保的境地；他们的成功证明了他们的方法是有效的，除非我们认为自保本身有罪。但是只有绝境能为他们的教育方法提供正当性，在任何没有紧迫危险的国家使用这种方法都应该受到谴责。日本的神道教甚至连大学教授都不能对其提出异议，它涉及的历史跟《圣经·创世记》一样可疑；代顿审判[1]在日本这样的神学专制面前都显得微不足道。日本还存在伦理专制，民族主义、孝道、天皇崇拜等都不允许被质疑，因此，在很多方面都几乎不可能进步。这种铁腕体制所面临的最大危险是激发革命，因为这是推动进步的唯一方法。虽然并不紧迫，但这种危险真实存在，而且在很大程度上是由教育体制造成的。

因此，我们在现代日本看到了跟古代中国相反的弊端。中国文人过分怀疑和懒散，而日本教育的产物又可能过于教条和活跃。教育应该产生的，既不是对怀疑主义的默认，也不是对教条的默认。它应该产生的是一种信念：在一定程度上，知识是可以获得的，虽然可能要克服一些困难；任何时候，大部分被认为是知识的东西都可能或多或少地存在错误，但这些错误可以通过细心和勤奋来加以纠正。在按照我们的信念行事时，

---

[1] 指1925年轰动全美国的田纳西州代顿镇"猴子审判"案。一位教员因在课堂上向学生讲授进化论被裁定违法，罚款100美元。

应该非常谨慎，因为一个小错误可能意味着灾难，但是我们必须以信念作为行动的基础。保持这种心态颇为不易：它要求有高度的理智修养，同时又不造成情感的衰退。不过，保持这种心态虽然有难度，但并非不可能，其实这就是科学的心态。获取知识跟其他美好事物一样，虽然困难但不是不可能，只是教条主义者忘记了困难，怀疑主义者否认了可能。他们都是错误的，而且他们的错误一旦扩散就会给社会带来灾难。

耶稣会士跟现代日本人一样，错误地认为教育应服从某一机构的利益——在他们的例子中，这个机构就是天主教会。他们主要关心的不是学生的利益，而是让学生成为教会谋利的一种手段。如果我们接受他们的神学，就无法指责他们：使灵魂免于地狱之苦比任何纯粹属于世间的利害得失都重要，这只能通过天主教会达成。但那些不接受这种教义的人将以其教育结果来评判耶稣会士的教育。的确，有时候其结果出乎意料，就像慈善学校培养出乌里亚·希普那样的伪君子，伏尔泰也受了耶稣会士教育的影响。但总体而言，耶稣会士的教育在很长一段时间里还是取得了预期的结果：反宗教改革运动的兴起，以及法国新教的崩溃，在很大程度上要归因于耶稣会士的努力。为实现这些目的，他们使艺术变得伤感，使思想变得肤浅，使道德变得放纵，最终，需要法国大革命来扫除他们造成的危害。在教育方面，他们的罪恶在于教育的动机不是出于对学生的爱，而是出于不可告人的目的。

至今，阿诺德博士的体制仍在英国公学施行，但它还有一个缺陷，即它是贵族式的教育。这一体制的目的，是将学生培养成在国内或英帝国遥远的海外属地有权威和掌握权力的人。贵族如果想要保持地位，就需要具备一些特定的美德，而这些美德将由学校传授。学校培养出来的人应该精力充沛、坚韧不拔、身强力壮，具备某些不可动摇的信念，高度正直并且坚信自己肩负天下大任。相当令人惊讶的是，这些目的都达到了。但在他们的教育中，理智被消灭了，因为理智会产生怀疑；同情被消灭了，因为同情有碍于统治"劣等"种族或阶级。为了养成刚毅不屈的品质，友善之心被扼杀；为了坚定不移，想象力被扼杀。如果在一个永不变化的世界里，这种教育产生的结果可能会是永久的贵族制度，并带有像古希腊斯巴达人一样的美德与瑕疵。但贵族制已经过时，哪怕是最聪慧贤明的统治者，臣民都将不再服从。这促使统治者使用暴政，而暴政又进一步激起反叛。现代世界的复杂性越来越多地要求理智，但阿诺德博士为了"美德"而扼杀了理智。滑铁卢战役要是发生在伊顿公学的操场上或许会胜利，但大英帝国却会在那里失败。[1] 现代

---

1 在滑铁卢战役中战胜拿破仑的英国贵族威灵顿公爵，曾就读于伊顿公学。据传他在重访伊顿时说滑铁卢战役胜在伊顿，意指学校教育对他的影响。但作者认为这种教育会使大英帝国衰亡。

世界需要一种不同类型的人才，他们应拥有更多富有想象力的同情心，拥有充满理智的灵活性，更多地信服技术知识，更少地相信血气之勇。未来的管理者必须是自由公民的仆人，而不是万民景仰的仁慈统治者。英国高等教育中根深蒂固的贵族传统是它的祸根。也许这种传统会被逐步清除，也许老套的教育机构会发现其无法适应新环境。关于这些，我不贸然置评。

美国的公立学校成功完成了一项从未被大规模尝试过的任务：将形形色色的不同人种转化成一个统一的民族。这项任务完成得如此圆满，在总体上又是如此有益，完成它的人应该获得高度赞赏。但美国跟日本一样，都处于特殊情形中，而在特殊情形中被证实合理的东西，未必能成为各地都可以仿效的典范。美国有某些优势，也有某些困难。这些优势包括财富水平比较高，没有战败的风险，相对来说没有从中世纪传承下来的严格限制。从表面看来，大量的移民使美国普遍存在民主氛围和先进的工业技术。我认为，正是这两个主要原因，使得几乎所有移民对美国的崇拜都多于对自己祖国的崇拜。不过，通常来说，实际的移民保持着双重的爱国精神：在欧洲的冲突中，他们依然热情地支持自己原来所属的国家。相反，他们的子女对父母的祖国已经没有了忠诚，变成了地地道道的美国人。父母的态度可归因于美国的一般优点（general merits），而孩子们的态度则主要取决于他们的学校教育。这里我们只关注学校教育的影响这个部分。

只要学校可以依靠美国的真正优点，也就没有必要把美国的爱国主义教育与灌输虚假标准混为一谈。不过，在"旧世界"胜过"新世界"的那些领域，也有必要教育年轻人对所谓的真正优点表示蔑视。西欧的智力水准和东欧的艺术水准总体上都高于美国。在整个西欧，除了西班牙和葡萄牙之外，都比美国更少地存在神学迷信。在几乎所有欧洲国家中，个人受群体压制的程度都要比美国低：哪怕是在政治自由更少的地方，他们的心灵自由也更大。在这些方面，美国公立学校的做法是有害的。这种做法对于美国排外的爱国主义教育至关重要。跟日本和耶稣会士的情况一样，这种危害在于把学生当作达到目的的手段，而不是目的本身。教师应当爱他的学生甚于爱国或爱教会，否则他就不是一个理想的教师。

当我说学生应该被视为目的本身而非手段时，或许有人会反驳我：毕竟，个人作为手段比其作为目的的更为重要。作为目的的人死去的时候，目的也就消失了，但他作为手段所创造的东西却永远存在。我们无法否认这一点，但我们可以否认由此得出的结论。一个人作为一种手段的重要性可能是好的，也可能是坏的，人类行动的长远影响是如此的不确定，因此明智的人倾向于在他的考虑中将其忽略。大体来说，好人会有好的影响，坏人会有坏的影响。当然这并非亘古不变的自然法则。一个坏人也许会杀掉一个暴君,因为他犯了罪,暴君要惩罚他;虽然他与他的行为是坏的,但他行为的影响却可能是好的。尽管如此,作为一个宽泛的一般规律,一个由本性优秀的男女组成的社区,会比由愚昧和恶毒的人组成的社区产生更好的影响。即使我们不这样考虑,儿童和年轻人也会本能地察觉到那些真正希望他们好的人,跟那些只是把他们视为某项计划的原材料的人之间的差别。如果教师缺乏对学生的爱,学生的品质和智力都不会有良好而自由的发展,这种爱本质上就存在于以孩子为目的的感受(feeling)之中。我们对自己都有这种感受:我们渴望得到美好的东西,而不必先去证明得到这些东西后有助于实现某个伟大的目标。每个有寻常慈爱之心的父母也会对他们的孩子产生同样的感受。父母希望自己的孩子健康成长、身体强壮、成绩优异等等,这种心情跟他们希望自己得到某样东西是完全一样的。在他们为这些事情不辞劳苦时,他们没有自我否认,也不会考虑抽象的公平原则。父母的这种本能并非总是严格地局限于对待自己的孩子。由此推出,它也必定存在于任何可以作为孩子的好老师的人身上。这种本能的重要性会随着学生年龄的增长而减弱。但只有拥有这种本能的人才能被信任去制定教育方案。那些认为男性教育的目的就是"培养为了无足轻重的理由而杀戮"的人,他们显然缺乏基本的父母本能,但这些人却控制着除了丹麦与中国之外的所有文明国家的教育。

不过，教育者只关照年轻人是不够的，他还必须对人类的卓越之处有正确的认识。猫教小猫捉老鼠，也会教它们如何耍弄老鼠；军国主义者对待年幼的人也是如此。猫爱它的幼崽，但不爱老鼠；军国主义者也许爱自己的儿子，但他不爱自己国家的敌人之子。即使是那些爱全人类的人，也可能因为持有关于美好生活的错误观念而犯错。因此，在进一步讨论之前，我将试着说明我所认为的男性和女性的优点，而暂不考虑它们的实用性或者培养这些优点的教育方法。给出这样的描述将有助于我们考虑教育的细节，我们前进之时就将知道我们所希望前进的方向。

首先，我们必须做一个区分：某些品质是特定的人群所期望的，另一些品质则是人们普遍期望的。我们需要艺术家，但也需要科学家；我们需要出色的管理者，但也需要农夫、磨坊主和面包师。能使一个人在某些方面成为名家的品质，如果所有人都具备，就不是那么令人向往了。雪莱这样描述一位诗人的日常工作：

> 从黎明直到黄昏，
>
> 他看着太阳在湖面反射下熠熠生辉，
>
> 看着蜜蜂在盛开的常春藤上飞舞，
>
> 没注意，也没看见它们是什么。

我们可以说，这些习惯在诗人身上值得称道，但要是在邮递员身上就不是这样了。因此，我们不能以使每个人都有诗人气质为目标来进行教育。不过，有些品质是普遍期望的，在这里我只考虑这些品质。

我不再对男性和女性各自的优点做区分。对于将要照料婴儿的女性来说，接受一定的专业训练是可取的，但其中涉及的性别差异无异于农夫和磨坊主之间的差异。这种差异无关宏旨，在目前阶段不需要讨论。

我将列出四种在我看来共同构成了理想人格基础的品质：活力（vitality）、勇气（courage）、敏锐（sensitiveness）和智力（intelligence）。我不是说这个清单是完整的，但我认为它为我们提供了一个好的方向。而且我坚信，只要在身体、情感和智力上给予年轻人适当的照料，就可以使这些品质变得十分普遍。下面我将依次讨论。

活力，与其说是一种心理特质，不如说是一种生理特质。通常人们认为只要健康状况良好，活力就永远存在。但它会随着年龄的增长慢慢衰退，到晚年的时候更是逐渐消退至完全消失。活力，会在精力旺盛的儿童达到学龄之时迅速升至顶点，但会因受到教育而减弱。在充满活力的时候，只要活着就充满乐趣，完全不需要任何令人愉悦的特殊状况。它增加快乐，减少痛苦，它容易使人们对发生的任何事情都产生兴趣，从而增进了客观性，这对心智健全发展至关重要。人类容易沉迷于自我世界，而对他们的所见所闻和任何身外之事都提不起兴趣。这对他们来说是很大的不幸，因为往好了说，会让他们感到无聊，往坏了说，则会让他们抑郁；除了极个别的例子，它还是让人们有所作为的致命障碍。活力激发人们对外界的兴趣，也提升人们努力工作的劲头。此外，活力还可以成为安全阀，防止人们陷入嫉妒情绪，因为它使人们自己的存在成为乐事。由于嫉妒是人类痛苦的一大来源，避免嫉妒是活力一项非常重要的价值。当然，许多坏品质可以与活力并存——例如，一只强健的老虎身上所拥有的品质。在缺乏活力的状况下，诸多好的品质也可以存在，比如，牛顿和洛克就没有什么活力。不过，如果他们有一个更好的体格，那他们可能就不会遭受易怒和嫉妒之苦。牛顿如果身体强健并且能享受常人的乐趣，可能就会完全避免他和莱布尼茨之间的论战——这场论战给英国数学带来了长达百年的破坏性影响。因此，尽管它有局限性，我还是认为活力是所有人都应具有的重要品质之一。

我们清单中的第二个品质是勇气。勇气有多种表现形式，而且每种形式都很复杂。无所畏惧是一回事，用力量控制畏惧是另一回事；在恐惧合理时无所畏惧是一回事，在恐惧不合理时无所畏惧是另外一回事。没有不合理的恐惧显然是好的，有力量控制恐惧也是好的。但没有合理的恐惧是否算好事，就有待商榷了。不过，我将在之后再讨论这个问题，先讨论勇气的其他形式。

不合理的恐惧在大部分人本能的情感生活中扮演着十分重要的角色。它的病理形式包括迫害妄想症、焦虑情结，诸如此类，有这种情况的人需要接受精神病医生的治疗。但是其较为温和的形式，在那些被认为心智健全的人身上也很常见。它可能表现为一种危险临近的笼统感觉，更准确的术语是"不安"，或者害怕某类并无危险的东西如老鼠、蜘蛛等。[1] 过去人们常认为许多恐惧出于本能，但是这个看法遭到了今天大多数研究者的怀疑。有些恐惧确实源于本能，例如害怕巨响，但绝大多数恐惧都是由经历或者心理暗示引起的。例如，怕黑似乎完全是由于心理暗示引起的。有理由相信，大多数脊椎动物对其天敌的恐惧并非来自本能，而是从它们前辈那里捕捉到的情绪。当人类把它们养大后，它们就没有其族群之中常见的恐惧。但恐惧极易传染：孩子从大人身上感染到恐惧，甚至是在大人还未意识到自己流露出恐惧之时。通过心理暗示，母亲或保姆的胆怯很快就会被孩子模仿。直到今天，男性都觉得会没来由地感

---

[1] 出自《论儿童的恐惧与焦虑》，见威廉·斯特恩（William Stern）的《幼儿心理学》（*Psychology of Early Childhood*）第35章（亨利·霍尔特出版社，1924年版）。

受到恐惧的女性充满了吸引力，因为这给了他们机会充当保护者，同时又不会面对任何真实的危险。但是这些人的儿子从他们的母亲那里习得了恐惧，从而不得不经受后天的训练才能恢复勇气。如果他们的父亲当初对母亲不那么轻视的话，他们的勇气是不会失去的。女性处于依附地位带来的害处是不可估量的，恐惧问题只是微不足道的一个例子。

此刻我不会讨论如何最大限度降低恐惧和不安的方法，这个问题我后面会考虑。不过，现在的问题是：我们处理恐惧时，是满足于用压制的方法，还是必须找到一种更彻底的方法将其克服？传统上，贵族经受训练而不流露恐惧，而从属民族、阶级和性别则被鼓励保持畏怯。对勇气的检验一直都依靠粗糙的行为主义：在战场上不得临阵逃脱，他必须擅长"有男子气概"的运动，面对火灾、沉船、地震等险境必须保持镇定，等等。他不仅要行为得当，还要避免脸色发白、身体哆嗦、呼吸急促，以及其他容易流露出恐惧的信号。下面所有这些在我看来都非常重要：我希望所有民族、所有阶级和所有性别都能培养出勇气。但如果采用压制性的方法，那么与其相关的弊病也会随之而来。羞愧和耻辱一直是产生表面勇气的强力武器，但实际上，它们只会引发各种恐惧的冲突，在这种冲突中害怕受到公众谴责的恐惧会更加强烈。"除非受到恐吓，否则永远讲真话"是我幼时学到的一句格言，但我现在不承认应有例外情况。不仅要在行为上克服恐惧，还要在情绪上克服它；不仅要克服存在于有意识情绪之中的恐惧，还要克服存在于无意识情绪中的恐惧。单纯在表面战胜恐惧，虽然满足了贵族准则，但令对恐惧的冲动转入暗中，并产生邪恶且扭曲的反应，而这些反应并不被认为是恐惧的产物。我不是指"炮弹休克症"（shell shock）这类东西，它们跟恐惧的联系是显而易见的；而是整个压迫和残暴的体制，统治阶级试图通过这个体制来维护他们的统治地位。最近在上海，一名英国军官在没有任何警告的情况下就下令从背后射杀一群手无寸铁的中国学生，他很显然是受到恐惧的驱使，就像战场上的逃兵一样。但是军事贵族没有聪明到能追溯这类行为背后的心理根源；相反，他们认为这体现了坚毅的品质和正当的精神。

从心理学和生理学的角度来看，恐惧和暴怒是非常相似的情绪：感到暴怒的人不具有最高级的勇气。在镇压黑人暴动、共产主义革命以及对贵族制的其他威胁中展示出来的一贯的残暴做法，是一种怯懦的产物，应当与以更明显的形式展示出来的怯懦一样受到蔑视。我相信，通过教育使普通人免于恐惧地生活是可以做到的。时至今日，只有少数英雄和圣人获得了这样的生活，但如果有人指明方向，这些英雄和圣人能做到的，其他人也能做到。

对于那种不是由于压制而产生的勇气，必须结合一系列因素才能获得。我们从最低级的因素说起：健康和活力虽然并非不可或缺，但它们十分有益。应对危险处境的实践和技巧非常有必要。但在我们考虑普遍意义上的勇气而非某些方面的勇气时，我们就需要有一种更为基本的东西。我们需要的是自尊与一种客观的人生观相结合。先说自尊，有的人遵从自己的内心而生活，有的人则像一面镜子，反映的是他们邻居的感觉和话语。后者绝不可能有真正的勇气：他们离不开别人的赞美，并因时时害怕失去这种赞美而感到困扰。关于"谦虚"的教育曾被认为是一件好事，但它却是产生同样弊端的一种变相形式。"谦虚"压制自尊，而不是压制被他人尊重的渴望；它只是一种通过表面上的自谦来获得美誉的手段，而且会因此造成虚伪和本性的扭曲。孩子们被教导要不假思索地服从，等他们长大，又会要求别人这样做。有人说，只有学会服从的人才懂得如何发号施令。我认为，没有人应该学习如何服从，所有人都不该企图命令他人。当然我不是说企业中不应该有领导者，而是说他们的权威应该像足球队长的权威那样，是人们为了实现共同的目标而自愿忍受的。我们的目标应该属于我们自己，而不是外部权威的结果，我们的目标也绝不应该强加于人。这就是我说没人应该命令、没人应该服从的意思。

最高的勇气还需要一样东西，那就是我刚才所说的客观的人生观。一个人如果把希望和恐惧都集中在自己身上，他就会很难坦然看待死亡,因为死亡会消灭他的情感世界。这里,我们再次遇见了这个传统,它提倡采取廉价易行的压制方法:圣人必须学会摒弃自我,必须压制肉欲,放弃本能的欢愉。这些是可以做到的,但其后果是糟糕的。苦修的圣人不仅自己放弃享乐,还号召别人放弃,后者相对更容易做到。始终隐蔽在背后的嫉妒之心使他认为痛苦能使人高尚,因此给别人施加痛苦是正当的。这样就导致了价值的完全颠倒:好的被认为是坏的,坏的被认为是好的。造成所有损害的根源就是认为美好生活可以通过遵从消极的戒律来获得,而不是通过扩充和发展自然的欲望和本能来获取。

人性中有些东西可以让我们毫不费力地超越自我,其中最普遍存在的就是爱,尤其是父母之爱,它在某些人身上如此广阔,以至于可以爱全人类。另一个就是知识。没什么理由认为伽利略是一个特别仁慈的人,但他为了一个目的而活,这个目的不会随着他的死亡而消失。还有一个是艺术。实际上,所有对自己身外之物的兴趣都会使人生在某种程度上达到客观的态度。虽然看似矛盾,由于这个原因,比起只关心自己病痛的可怜的疑病症患者,有着广泛鲜活兴趣的人在离开人世时更加轻松。因此完美的勇气在兴趣广泛的人身上才能找到,他们不是通过自轻自贱,而是通过珍视外物而不是自我,感受到"自我"只是浩瀚世界中的一粒微尘。但如果没有自由的天性和活跃的才智,这几乎不可能发生。这两者的融合所滋生出的广博的世界观,酒色之徒和苦修者无从知道,这种世界观把个人的死亡看作是微不足道的小事。这样的勇气是积极的、合乎天性的,而非消极的、压制天性的。正是这种具有积极意义的勇气,我将它视为完美品质的主要成分之一。

敏锐是我们清单上的第三个品质,某种意义上它是对单纯勇气的一种矫正。不懂得危险的人往往容易有勇敢的行动,但这样的勇敢常常是愚蠢的。我们不能把基于无知或者健忘的行为方式看作是令人满意的,尽可能完备的知识和觉悟是应当具备的重要因素。不过,认知方面属于智力范畴,我这里所说的敏锐则属于情感范畴。关于敏锐的纯理论定义是,如果多样的刺激都能使某人产生情绪,那么这个人就是敏感的,但这么宽泛地看待这种品质未必可取。只有情绪反应在某种意义上是适当的(appropriate),敏锐才是好的,单纯的情绪激烈不是我们想要的。我认为这种品质应该是这样的:受诸多事物的影响而产生快乐或者痛苦的感觉,而且这些事物必须是合适的。什么是合适的事物?让我试着解释。第一个阶段是超越食物、温暖等带来的单纯感官快乐,上升到从社会认可中获得快乐。大多数幼儿在约5个月大时就进入了这一阶段。这种快乐一旦产生,就会得到迅速发展:每个孩子都喜欢表扬,讨厌责备。通常,渴望好评是人一生都会保有的主要动机之一,它对于激发善行和遏制贪婪当然是很有价值的。如果我们能更加明智地赞美他人,它就可能更具价值。不过,只要最受崇拜的英雄是那些曾经大肆杀人的刽子手,那么光是对赞美的热爱还不足以创造美好生活。

在第二阶段中,敏锐发展出的理想形式是同情。有一种纯粹生理上的同情:很小的孩子会因为兄弟姐妹的哭泣而哭泣。我认为,这为今后进一步的发展奠定了基础。不过它需要从两个方面进行扩展:首先,即使受难者不是自己钟爱的对象,也能对其抱有同情;其次,知道有苦难发生,无须亲眼看见也能产生同情。第二个方面的扩展主要取决于智力。一个人有可能只是对优秀小说里描绘出来的生动感人的苦难而感到同情;另一方面,他也可能因一组统计数据而产生同情之心。这种抽象的同情能力非常重要,同时也非常罕见。当所爱之人受到癌症折磨,几乎每个人都会十分悲痛。在医院看到素不相识的病人痛苦不堪,大多数人也会于心不忍。但是当他们读到有关癌症死亡率的数据时,通常只会因为担心自己或者亲人患病而引发短暂的恐惧。战争也是如此:当自己的儿子或者兄弟遭到杀害,人们感到战争是可怕的;但他们不会因为有一百万人被杀害而感到战争有一百万倍的可怕。一个在所有私人交往中都举止友善的人,却可能为了攫取利益而煽动战争或者虐待"落后"国家的儿童。所有这些熟悉的现象都是由于一个事实,即对大多数人来说，仅仅只有抽象的刺激是不能激发同情的。如果这种情况能够得到纠正，现代世界里的大部分罪恶都将会消除。

科学极大地增强了我们对遥远地区民众生活的影响，却没有增强我们对他们的同情心。假设你是上海一家棉纱厂的股东，或许你是一个大忙人，在最初投资时只是听从财务的建议，你对上海和棉纱都没有兴趣，只关心自己的分红。然而，你还是成了导致无辜民众遭到屠杀的恶势力的一分子，如果幼小的儿童不被迫从事超限而危险的苦工，你的红利就会消失。你对他们的境遇并不在意，因为你从未见过这些孩子，对抽象的刺激无动于衷。这就是大规模工业化如此残酷、对从属种族的压迫如此容忍的根本原因。而通过培养能够对抽象刺激产生敏锐性的教育，可以使这类事情不再发生。

认知方面的敏锐性也应纳入讨论，实际上它跟观察的习惯是一回事，因此将其与智力一起讨论会更加自然。审美的敏锐性提出了一些现阶段我还不希望探讨的问题，所以，我接下来将讨论我们列出的第四个品质——智力。

传统道德的一大缺陷就是低估智力的价值。古希腊人在这方面没有犯错，但是教会引导人们认为除了美德之外什么都不重要，而美德就在于要摒弃一些被武断地称为"罪"（sin）的行为。只要这种态度不改变，人们就无法意识到智力比人为规定的"美德"更有价值。我所说的智力包括已经获得的知识和对知识的接受能力。事实上，两者密切相关。无知的成年人是不可教导的，例如在卫生或饮食的问题上，他们完全无法相信科学的说法。一个人学得越多，就越容易更多地学习——通常假设他接受的不是教条主义的教育。无知的人从来没有受到压力去改变他们的思想习惯，进而已经形成了一种不可改变的僵化态度。他们不仅在应该怀疑的时候盲目轻信，还在应该相信的时候心存怀疑。毫无疑问，"智力"这个词本身更适合代表获取知识的能力而不是已经获得的知识，但我认为这种能力只有通过练习才能得到，就像钢琴家和杂技演员。当然，不用训练智力而传递信息是可能的，不但可能，还很容易，而且人们经常这么做。但我相信不传递信息是不可能训练智力或者帮助人们获取知识的。没有智力，我们复杂的现代世界就无法存在，更无法进步。所以，我把智力的培养作为教育的主要目的之一。这看似寻常，其实不然。教育者常因渴望灌输所谓的正确信念而忽视了智力的训练。为了讲清这一点，有必要更加详细地界定智力，从而发现它所需要的心理习惯。为此，我将只考虑获取知识的能力，而不是实际知识的积累，尽管将后者包含在智力的定义里是合理的。

智力的天然基础是好奇心，在动物身上我们可看到它的初级形态。智力要求敏锐的好奇心，但它必须是特定的种类。乡村邻里之间在天黑后企图透过窗帘相互窥探，这种好奇心没有太高价值。对流言蜚语的广泛兴趣不是出于对知识的热爱，而是出于恶意：没人会交头接耳谈论别人隐秘的美德，但会谈论他们遮掩的恶行。因此，流言蜚语大多是不真实的，但没有人会费力去证实。邻居的罪就像一种宗教慰藉，令人如此愉悦，以至于我们不愿停手去仔细研究证据。另一方面，恰如其分的好奇心是由对知识的真正热爱激发的。你可以从被带到一个陌生房间的猫身上看到这种最纯粹的冲动：它会嗅遍房间的每个角落和每件家具。你也可以在小孩身上看到这种冲动，当你打开平时锁着的抽屉或柜橱给他们看时，他们会兴高采烈。动物、机器、雷雨以及各种形式的手工制品，都能唤起孩子的好奇心，他们对知识的渴求会让最聪明的成人感到羞愧。这种冲动随着年龄的增长不断减弱，到了最后，陌生事物只会引起厌恶，再也不会让人产生深入探究的欲望。到了这一阶段，人们会说国家正在走向衰落，并说"我年轻时的情况可不是这样的"。其实，与遥远的过去不相同的只是说话者消逝的好奇心。随着好奇心的消逝，我们可以推想，活跃的智力也会消亡。

不过，虽然童年过后好奇心的程度和广度有所缩减，但它的质量却可以得到长久而持续的改善。相较于对特殊事实的好奇心，对普遍命题的好奇心会显示出更高的智力水平。一般来说，命题的普遍性越强，所涉及的智力水平也越高。（但不宜过于拘泥于这个规律。）脱离了个体利益的好奇心，比诸如与获取食物相关的好奇心，显示出更高的发展程度。在陌生的房间里嗅来嗅去的猫不是完全无私的科学探索者，而是想看看附近是否有老鼠。说无私状态下的好奇心才是最好的，也许不太正确，不如说当好奇心与其他利益之间不是直接和显著的关联，但通过一定程度的智力运用能发现这种关联，这时的好奇心就是最好的。不过我们无须对这一点下定论。

如果好奇心想要取得成果，就必须跟一些特定的求知技巧结合起来。观察的习惯是必须具备的，保持对知识的可能性的信念，以及保持耐心与勤奋。有好奇心做基础，再辅以恰当的智力教育，这些东西将自然发展起来。但由于智力生活只是我们全部活动的一部分，而且好奇心常常跟其他情感有所冲突，所以我们还需要某些智力上的美德，比如开放的心态。由于习惯和欲望的影响，我们变得不易接受新的真理：我们发现否定自己多年来深信不疑的东西，以及带给我们自尊或其他重要感受的东西，是非常困难的。因此，开放的心态应是教育要培养的品质之一。目前，还只能在极其有限的范围内做到这一点，正如1925年7月31日《先驱日报》（*The Daily Herald*）所报道的：

> 受命调查布特尔各校教师颠覆儿童心灵有关指控的特别委员会，已经将调查结果提交布特尔市议会。委员会认

为这些指控证据确凿，但市议会将"证据确凿"删去，表示"这些指控需要合理调查"。委员会的一项建议已被市议会采纳：今后聘任的教师应当负责培养学生敬畏上帝和宗教，并尊重国家的民事和宗教机关的习惯。

由此可见，不管其他地方情况如何，布特尔市不存在开放的心态。希望布特尔市议会尽快派遣代表团到美国田纳西州的达顿去，以获得关于执行其方案的最佳方法的启示。但这大概是多此一举。从决议的措辞来看，布特尔不需要别人来指点如何实行蒙昧主义。

勇气对于智力上的诚实跟身体上的英勇一样，都是必不可少的。真实世界比我们想象的要未知得多。从出生的第一天起，我们就在进行不可靠的归纳，并把我们精神上的思考习惯与外在的自然法则混为一谈。各种思想体系如基督教、社会主义、爱国主义等，就像孤儿院一样，时刻准备给人们提供安全以换取对他们的奴役。自由的精神生活不可能像信奉教条的生活那样温暖、舒适和友善；在寒风肆虐之时，只有教条能给人带来坐在火炉旁一样的温暖。

这引出了一个有些棘手的问题：美好生活应该在多大程度上摆脱群体的束缚？我不愿意使用"群体本能"（herd instinct）一词，因为它的正确性存在争议。但不管怎么解释，这个词所描述的现象我们并不陌生。我们愿意与那些让我们感到有归属感并希望与他们合作的人和睦相处，比如我们的家人、邻居、同事、政党或国家。这很自然，因为要是没有合作，我们就无法获得任何生活乐趣。此外，情绪具有传染性，特别是当许多人同时感受到某种情绪时。很少有人能够在群情激昂的集会中不感到兴奋，如果他们是反对者，他们的反驳也会变得激烈。对于大多数人来说，只有当他们可以赢得某个不同群体的认可，并获得他们思想中的支持时，才可能进行这样的反驳。这就是"圣徒相通"（Communion of saints）的说法能给受到宗教迫害的人如此大慰藉的原因。我们是应该默许这种跟群体合作的渴望，还是应该通过教育去试图削弱它？两种做法现在都存有争论，所以正确答案必定是找到一个适当的比例，而不是断然做出一种选择。

我的观点是，取悦他人和与人合作的愿望理应是强烈的，也是正常的，但在某些重要的情形下，这种愿望应该能被其他愿望所压制。取悦他人的愿望，其可取之处已经与敏锐联系在一起考虑过了。如果没有这种愿望，我们都会变得粗野，家庭与更高级的社会团体都不可能存在。若是年幼者不渴望得到父母的好评，那么对他们的教育将会非常困难。如果是由智者传给愚者的话，情绪的传染性也有好处。但在恐慌和震怒的情况下，当然就是相反的影响了。因此，情感的感受能力绝不是一个简单的问题。即便在纯粹与智力相关的事情中,这个问题也还不清楚。伟大的探索者不得不对抗群体,并因自己的独立性而招致敌意。普通人如果不固执己见,他们就不会显得那么愚蠢:至少在科学方面,他们对权威的尊重总体来说是有益的。

我认为,在那些处境和禀赋都不出色的人的生活中,所谓的"群体本能"会支配他们大部分的生活领域,只有小部分领域不受影响。这一小部分应该包括他擅长的领域。有的男人只有在一个女人受到所有人赞美的时候才会爱慕她,我们鄙视这样的人。我们认为,一个男人在择偶时应该被他自己的独立感受所引领,而不是跟从他所在群体的感受。如果他对一般人的判断与其邻居的判断大致一样,这没有什么问题,但当他在恋爱的时候,就应该被自己独立的感受引领。其他方面也适用类似的原则。农夫在估计自己农田的产量时,应该遵从他自己的判断,尽管他也应当在获取一些科学的农业知识之后再进行判断。经济学家应该就货币问题形成独立的判断,而普通人最好跟随权威。有专长就应该有独立性。但人们不应变成刺猬,用浑身的硬刺与世界保持距离。我们的日常活动大多都必须进行合作,而合作需要有本性做基础。尽管如此,我们都应该学会对我们特别熟悉的事物进行独立思考,并勇于提出不受欢迎的观点,如果我们确信这些观点非常重要。当然,要将这些宽泛的原则运用于具体的问题可能很困难。但如果我们在一个所有人都普遍具有本章所提到的美德的世界里，那么难度就没这么大了。在这样的世界里，不会有圣徒遭到迫害；好人用不着像刺猬一样用硬刺保护自己，并因此感到难为情。他的善行将来自内心的冲动，并且伴有本能的快乐。他的邻居不会憎恨他，因为他们不惧怕他——对先驱者的憎恨源于他们所激发的恐惧，而在已经获得勇气的人中间不存在这种恐惧。只有被恐惧控制的人才会加入三K党或者法西斯。在充满勇者的世界，不会存在这样的迫害组织，获得美好生活不需要像现在这样过多地压抑天性。美好世界只能由无所畏惧的人来创造和维持，但他们做得越成功，就越少有机会来锻炼他们的勇气。

如果一个社会中的男性和女性，拥有教育所能培养出的最高程度的活力、勇气、敏锐和智力，这个社会将与迄今存在过的所有社会都截然不同。很少有人会不幸福。目前导致不幸福生活的主要原因有：健康状况不佳、贫穷以及不如意的性生活。所有这些在这个理想的社会中都将变得非常少见。健康几乎是普遍的，甚至衰老都能延缓。工业革命之后，只有集体愚昧才会导致贫穷。敏锐会使人们希望消灭贫穷，智力会给人们指明道路，而勇气会带领他们前行。（怯懦的人宁可一直处境悲惨，也不愿做不寻常之事。）如今，大多数人都对性生活有或多或少的不满，一部分是因为教育不当，一部分是由于当今政府和格伦迪太太[1]的迫害。当这一代没有非理性的性恐惧的女性成长起来,这种状况很快就可以被终结。恐惧曾被认为是使女性"贤良"(virtuous)的唯一手段,她们因此被刻意从身体和心理上调教成懦弱的人。爱情受到压制的女性助长了她们丈夫的残暴和虚伪,也扭曲了她们孩子的天性。一代无畏的女性可以带来一代无畏的孩童,从而改变整个世界。这些孩子没有扭曲变形,而是率真、坦诚、慷慨、博爱而自由的。他们的激情将扫除我们因自己的懒惰、胆怯、冷漠和愚蠢而忍受的残酷和痛苦。是教育给予了我们这些恶劣品质,而我们也必须通过教育去获得与之相反的美德。教育是打开新世界大门的钥匙。

(选自《教育与美好生活》,1926年出版)

---

1 英国戏剧《加速耕耘》(Speed the Plough)中一个苛刻挑剔的人。

教育需要自由还是权威?

教育中的自由与其他方面的自由一样,必然是个程度问题。有些自由不能容忍。我曾经遇到一位女士,她坚持认为任何孩子都不应该被禁止做任何事情,因为孩子应该从内心发展自己的本性。"如果他的本性会让他吞下别针怎么办?"我问道。我遗憾地说,答案只可能是斥责。如果不加管束,每个孩子迟早会吞下别针,从药瓶里喝下毒药,从高层窗户上掉下,或用别的方式给自己带来糟糕的结局。年龄稍大一点的男孩,当他们有机会的时候,会选择不洗澡,暴饮暴食,吸烟直到生病,湿着脚坐着直到感冒,更不用说他们还会通过折磨老绅士来自娱自乐,而不幸的是这些老绅士可能并非都有以利沙[1]的应对能力。

---

1 《圣经》中的先知。

因此，一个人主张教育自由，不可能意味着可以让孩子们整天都随心所欲。纪律和权威的要素必须包含在内，问题在于它们的分量，以及行使方式。

教育可以从许多角度来看待：国家的角度、教会的角度、校长的角度、家长的角度，甚至孩子自身的角度（尽管这通常被人们遗忘）。这些观点单个来看都是片面的，每一种观点都对教育理想有所贡献，但也会带来不好的因素。让我们依次考察一下，看看对它们的赞同与反对意见。

我们先从国家开始，它是决定现代教育走向的最强大力量。国家对教育的兴趣是最近才有的，它在古代或中世纪都不存在；直到文艺复兴时期，教育只受到教会的重视。文艺复兴引发了对持续学习的兴趣，促成了法兰西学院等机构的成立，旨在抵消教会办的索邦大学的影响。英国和德国的宗教改革激发了国家对获得大学和文法学校部分控制权的兴趣，以防止它们成为"天主教教义的温床"。但这种兴趣很快就消失了。国家没有发挥决定性和持续性的作用，直到相当现代的普及义务教育运动兴起后才有所改变。然而，国家现在对学术机构的发言权比所有其他因素加起来都大。

普及义务教育的动机是多方面的。它最强烈的支持者受到这样一种感觉驱使：能够阅读和写作本身就是可取的，无知的人口是文明国家的耻辱，没有教育就不可能有民主。这些动机又得到了其他因素的加强。人们很快看到，教育能够带来商业优势，减少青少年犯罪，可以控制贫民窟人口数量。反对宗教的人将国家办教育看成打击教会影响的机会，这一动机在英国和法国发挥了相当重要的影响。民族主义者，尤其是在普法战争之后，认为普及教育将增强国力。然而，所有这些原因最初都是次要的。普及教育的主要原因是觉得文盲可耻。

义务教育制度一旦建立牢固，国家就会发现它有多种用途：它让年轻人变得更易被驾驭，无论结果好坏；它改善了礼仪，减少了罪行；它促进了出于公共目的的共同行动，使社区对某个权力中心的指示做出更敏捷的反应。没有教育，民主徒有空壳，无法存在。但是正如政治家所设想的那样，民主是一种政府形式；也就是说，这是一种方法，让民众做领导人想让他们做的事，但给他们留下他们是在做自己想做的事情的印象。

因此，国家教育必然含有一定的偏见。它尽其所能地教育年轻人尊重现有制度，避免对现有权力进行根本性的批判，并以怀疑和蔑视的态度对待外国。它增强了国家的团结，代价是牺牲了国际主义和个人发展。对个人发展的损害来自对权威的过度强调。集体情感而非个人情感受到鼓励，与主流信仰的分歧受到严重抑制。一致性被视为是应有之义，因为这对管理者来说很方便，尽管获得一致性只会导致精神萎缩。由此产生的罪恶是如此之大，以至于人们对普及教育迄今为止在总体上究竟是有利还是有害提出了严重质疑。

实际上，教会对教育的观点与国家没有什么大不同。然而，它们之间有一个重要的分歧：教会更倾向于认为平信徒根本不应该接受教育，只有在国家坚持的情况下才应该给他们指导。

国家和教会都希望向人们灌输信仰，这些信仰可能会被自由探究所驱散。但是国家信条更容易灌输给能够阅读报纸的人群，而教会信条则更容易灌输给完全文盲的人群。国家和教会都对思想怀有敌意，但教会还对教导怀有敌意，尽管现在它们将这种敌意隐藏了起来。不过这个现象会成为过去，而且也正在成为过去，因为教会当局完善了在不激发思想活动的情况下进行教导的技术——很久以前耶稣会士引领了这项技术。

现代社会很少允许校长有自己的观点。他是由教育机构任命的，如果被发现他正在用自己的思想进行教育，他将被解雇。除了这个经济方面的因素，校长还面临着他可能不知道的诱惑。他甚至比国家和教会更能直接代表纪律，他从官方渠道知道一些他的学生不知道的东西。没有纪律和权威，很难保持课堂秩序。惩罚一个显得无聊的男孩比惩罚一个表现出兴致的孩子要容易得多。

此外，即使是最优秀的校长也可能夸大自己的重要性，认为把他的学生塑造成他认为他们应该成为的人是可能的，也是可取的。里顿·斯特拉奇[1]描述了阿诺德博士在科莫湖边散步和沉思"道德邪恶"问题的情形。对阿诺德博士来说，他想改变孩子们的是他们道德上的邪恶。他相信他们身上有很多邪恶，这为他行使权力和将自己看成一个统治者提供了依据，让他觉得自己促使他们悔过的职责甚至比爱他们更重要。

其次，校长还想为他的学校争取荣誉。这使他希望孩子们在体育比赛和学术考试中脱颖而出，从而导致他更为关心某一批挑选出来的优秀孩子而排斥其他孩子。对于普通的孩子来说这个结果很糟糕。对孩子来说，自己笨拙地玩游戏也比看着别人熟练地玩要好得多。

H.G. 威尔斯[2]先生在他所著的《奥多中学的桑德森》一书中，讲述了这位伟大的校长如何坚决反对一切让普通孩子无法参与或者得不到照顾的安排。桑德森成为校长后，发现只有某些被选中的男孩被安排在礼拜堂唱歌，他们被训练成唱诗班，其余的人只能当听众。他坚持所有人都应该唱歌，无论是否有音乐天赋。在这一点上，他超越了一个更关心自己的荣誉而不是孩子的校长自然会持有的偏见。当然，如果我们都明智地分

---

1 里顿·斯特拉奇（1880—1932），英国传记作家。主要作品有《维多利亚女王传》等。
2 即赫伯特·乔治·威尔斯(1866—1946)，英国科幻小说作家，作品有《时间机器》《隐身人》等。

配荣誉，这两个动机之间就不会有冲突：一个孩子表现最好的学校会得到最多的荣誉。但在一个忙忙碌碌的世界里，辉煌的成功总会获得与其真正的重要性不成比例的荣誉，因此这两个动机之间存在冲突几乎无法避免。

现在我来讨论父母的观点。这方面会因父母的经济状况不同而有所不同：普通工薪阶层的愿望与普通专业人士的愿望大不相同。普通的工薪阶层希望尽快让孩子上学，以减少家里的烦恼；他还希望尽快把他们赶出家门，以便能尽早地获得收入。最近，英国政府决定削减教育开支，提出孩子在6岁之前不应该上学，也不应该规定在13岁以后必须留在学校。前一个提议引起了公众的强烈抗议，以至于不得不撤销；忧心忡忡的母亲们的愤怒是不可抗拒的，因为她们刚刚被授予了选举权。后一项建议，即降低辍学年龄，从教育的角度来看更令人反感，但并没有那么不受欢迎。主张改善教育的议会候选人会获得会议参与者的一致掌声，但他们在街头拉票时会发现，不参与政治的工薪阶层是大多数，他们希望孩子可以自由地尽快获得有报酬的工作；例外的主要是那些希望自己的孩子通过更好的教育来提高社会地位的工薪阶层。

专业人士阶层的观点则完全不同。他们自己的收入有赖于他们受教育程度高于平均水平这个事实，他们希望将这一优势传给自己的孩子。为了这个目标，他们愿意做出巨大牺牲。在我们目前这个竞争性的社会，普通家长所期望的不是一种本身良好的教育，而是一种比其他人更好的教育。这个目标或许可通过降低总体水平来实现，但我们不能指望一个专业人士会对为工薪阶层子女提供高等教育的设施感到兴奋。如果每个想要学医的人都能得到医学教育，无论他的父母多么贫穷，医生的收入显然会比现在更少。这一方面是因为竞争加剧，另一方面是因为社区健康状况会得到改善。这种情形同样适用于法律、公务员等职业。

父亲的根本缺陷是希望孩子成为他们的荣耀。这种愿望植根于本能，只有通过对症下药的努力才能治愈。尽管程度稍轻，这种缺陷也存在于母亲身上。我们都本能地感到，孩子成功的荣耀属于我们，他们的失败会让我们感到羞耻。不幸的是，一些使我们引以为傲的成功往往并不光荣。几乎从文明曙光初现一直到我们现在所处的时代，中国和日本的父母都在子女的婚姻问题上牺牲孩子的幸福，为他们包办婚姻，而且几乎总是选择能够攀附上的最富有的人做孩子的配偶。在西方世界，除了法国部分地区外，孩子已通过反叛摆脱了这种奴役并获得了自由，但父母的本能并没有改变。一般的父亲希望他的孩子获得的既不是幸福也不是美德，而是世俗的成功。他希望孩子成为他可以向亲友夸耀的人，这种欲望在很大程度上支配着他为他们的教育所做的努力。

如果要用权威来管理教育，则必须依靠我们讨论过的一种或几种力量：国家、教会、校长和家长。我们已经看到，这几种力量中没有一种可以让人们相信会关心孩子的福祉，因为每种力量都希望孩子能为一些与他们自身幸福无关的目标服务。国家希望孩子为其扩张服务，支持现有的政府形式。教会想要能服务于增加牧师权力这一目标的孩子。校长将他的学校视为自己的国家，希望孩子们为学校带来荣耀。父母想要孩子为自己增光添彩。孩子作为教育的目标本身，作为一个有权利获得一切可能获得的福祉的独立个体，却没有被纳入这些外在目标，只在有限的程度上被加以考虑。不幸的是，孩子缺乏引导自己生活所需的经验，因此沦为那些坚称自己清白的邪恶利益的牺牲品。这就是为什么教育的困难会成为一个政治问题。但让我们先看看站在孩子自己的角度能发现什么。

很明显，如果让大多数孩子自己管自己，他们就不会学习阅读或写作，长大后，他们可能会更不能适应生活环境。一定得有教育机构，孩子必须在某种程度上受权威的管辖。但考虑到事实上没有任何权威可以完全被信任，我们必须力求尽可能少地动用权威，并努力想办法利用年轻人的自然欲望和冲动来进行教育。这远比人们通常认为的更有可能实现，因为毕竟对大多数年轻人来说，获得知识的欲望是天生的。

传统的教育者拥有并不值得传授的知识，又缺乏传授的全部技巧，他们想象年轻人对教育有一种天然的恐惧。但在这一点上，他是被自己误导了，因为他没有意识到自己的缺点。契诃夫讲过一个有趣的故事：一个男人试图教小猫捉老鼠，当小猫不去追赶老鼠的时候，他就打它一顿；结果，即使小猫长大了，看见老鼠也会害怕得畏缩起来。"这就是那个教我拉丁文的人。"契诃夫说。现在，大猫教自己的小猫捉老鼠，但它们会等到小猫的本能觉醒。然后小猫们就会同意妈妈传授的这项技能值得拥有，因此它们也就不需要纪律。

到目前为止，孩子在出生后的前两年或三年能逃脱教育者的统治，而所有教育权威都一致认为，这恰恰是他们学习知识最多的几年。每个孩子都是通过自己的努力学会说话的。任何观察过婴儿的人都知道，他们为此付出的努力是巨大的。孩子全神贯注地倾听，观察嘴唇的动作，整天练习发声，并以惊人的热情保持专心。当然，成年人也通过赞美来鼓励他们，但不会在孩子没有学到新词的日子里惩罚他们。成年人提供的只是机会和赞扬。在孩子成长的其他阶段，是否需要投入更多仍值得怀疑。

必要的是让孩子或年轻人觉得知识值得拥有。有时这很难，因为事实上，有些知识不值得拥有。在任何方面只有相当多的知识积累才有用的时候，事情也很难办，因此小学生起初往往只感到无聊。不过，在这种情况下，困难并非无法克服。以数学教学为例，奥多中学的桑德森发现，几乎所有的孩子都对机械感兴趣，于是他为他们提供机会来制作相当精细的机器。在这项实际工作的过程中，他们意识到有必要进行计算，从而对数学产生了兴趣，因为这是他们所热衷的建设性项目取得成功的必要条件。这种方法成本高昂，并且需要教师具备耐心。但这种方法遵循学生的本能，因此会减少他们在付出更多脑力工作时的无聊感。努力对动物和人来说都是自然的，但必须是有本能刺激的努力。足球比赛与跑步机相比需要我们付出更大的努力，但前者是一种快乐，后者则是一种惩罚。认为精神上的努力很少会有乐趣是错误的；实际上，精神努力需要某些条件才能让它变得愉悦，但直到最近，人们还没有在教育领域尝试创造这些条件。主要的条件是：首先，一个希望得到解决的问题；其次，一种对获得解决方案的可能性充满希望的感觉。让我们看看大卫·科波菲尔学算术的方式：

哪怕功课做完了，还有更糟的事要来，就是要进行一个可怕的大型运算。那是专为我布置的，由默德斯通先生口授给我。题目是这样的："如果我来到一家奶酪店，买了五千块双格罗赛斯德奶酪，每块价格为四个半便士，应付多少钱？"——我知道默德斯通小姐暗地里为想出这个题目狂喜。直到吃晚饭的时候，我也没能在这些奶酪上想出名堂或找到一点线索；石板灰钻进了我皮肤上的毛孔，我把自己弄得像个混血儿。一片薄薄的面包帮助我忘掉了那些奶酪，那一整晚我都觉得屈辱万分。

显然，不能指望这个可怜的男孩会对这些奶酪感兴趣，也不能指望他会把总数算对。但如果他想要做一个一定尺寸的盒子，并且大人告诉他可以把零用钱存起来，攒够了去买木材和钉子，这会对他的数学能力产生惊人的刺激。

给孩子做的算术问题，不应该存在任何假设的余地。我记得有一次读到一个小男孩讲述自己上的算术课。女家庭教师提出了问题：

"如果一匹马的价值是一匹小马的三倍，而小马的价值是22磅，那这匹马的价值是多少？"

"那匹马生过病吗？"男孩问道。

"这无关紧要。"女家庭教师说。

"哦，但是詹姆斯说这会造成很大的区别。"

理解假设的事实是后期提升的逻辑能力之一，不应该指望很小的孩子就具备这种能力。不过，这是题外话，我们还是回到主题上吧。

我并不认为所有的孩子都能通过适当的刺激激发智力兴趣。有些人的智力远低于平均水平，需要特殊治疗。将心智能力非常不同的儿童集中在一个班级里是非常不可取的：聪明的孩子会因为老师讲解他们已经理解的知识而感到厌倦，而笨一点儿的孩子会担心他们还没有掌握的知识被看成是理所当然的。教育科目和方法应适应学生的智力水平。麦考利被送到剑桥学习数学，但从他的信中可以明显看出，他觉得这纯粹是浪费时间。我被要求学习拉丁语和希腊语，这让我感到厌烦，因为我认为学习一种不再使用的语言很愚蠢。我相信，我经年累月学习古典所得甚少，而这本可以在成年后一个月内就全部习得。

在最低限度的强制之外，教育应考虑到学生的品味，应该只教孩子自己觉得有趣的东西。当然这会对教师造成压力，因为他们发现教授枯燥的东西更容易，尤其是在工作过度的情况下。但是这些困难可以通过缩短教师的课时和提供教学艺术指导来克服。

教育自由有许多方面：首先是学习或不学习的自由，其次是学什么的自由。在后期的教育中有意见自由。在儿童时期，只能部分给予学习或不学习的自由。有必要确保所有智力正常的孩子都学会读写。仅仅提供学习机会能在多大程度上达到这个目标，只有经验才能证明。即使只有机会就足够了，也得有人将这些机会给予孩子们。他们中的大多数人宁愿在户外玩耍，那样就丧失了必要的机会。年纪再大一点,可以将机会留给年轻人选择,例如是否应该上大学。一些人希望上大学,另一些人不想上大学。这将成为与入学考试一样好的选择原则。不努力学习的人不应该被允许留在大学。在大学里虚度光阴的富家子弟正在挫伤其他人的士气,并把自己变成无用之才。如果将努力学习作为保留学籍的条件,那么对那些厌恶追求知识的人来说大学将不再有吸引力。

学习内容方面的自由应该比现在多得多。我认为有必要根据学科之间自然的相关度将它们进行分组。选课制度有严重的缺点,它使年轻人可以自由选择毫不相干的科目。如果我在乌托邦组织教育,拥有无限的资金,我会给每个12岁左右的孩子提供一些古典文学、数学和科学教学。经过两年的时间,孩子的兴趣和才能应该已经显露出来,而孩子自己的喜好也会是一个可靠的指标,只要没有"轻松的选择"可供选择。因此,我会允许每一个14岁以上渴望专攻的男孩和女孩自己选择科目。起初,专业化应该非常宽泛,随着教育程度的提升而逐渐变得更加精细。在各方面都能获得广博学识的时代已经过去。一个勤奋的人可能对历史和文学有所了解,而这需要具备古典和现代语言的知识。或者他可能知道数学的某些部分或一两门科学。但是"全面"教育的理念已经过时了,它已被知识的进步所摧毁。

教师和学生的意见自由是各种自由中最重要的，也是唯一不需要受任何限制的自由。鉴于这一自由在现实中并不存在的事实，有必要对支持它的论据进行重述。

意见自由的基本论据是我们所有的信仰都值得怀疑。如果我们确实知道真理，那么教授它是有道理的。但在那种情况下，它可以通过其固有的合理性来教授，而无需援引权威。没有必要制定一条法律，规定任何人如果对乘法表持有不同意见就不得教算术，因为在这个问题上真理清清楚楚，不需要通过处罚来强制执行。当国家干预以确保某些学说得以教导时，这样做正是因为没有确凿的证据支持该学说。结果是，这种教导是不诚实的，哪怕它碰巧是真实的。在纽约州，直到最近，教导"共产主义是好的"被视为非法；在苏维埃俄罗斯，教导"共产主义是坏的"被视为非法。毫无疑问，其中一种观点是正确的，一种是错误的，但没有人知道是哪一种。要么是纽约，要么是苏维埃俄罗斯在教导真理并禁止虚假，但两者都没有如实地进行教导，因为它们都将一个有争议的命题变成确定性的结论。

在这方面，真理与真实之间的区别很重要。真理为神所掌握，从我们人类的角度来看，这是一个可以接近但无法企及的理想。教育应该使我们掌握最接近真理的方法，而要做到这一点，它的教导必须是真实的。我说的真实性，指的是我们在证据的基础上形成看法的习惯，对看法持有的信念要与证据所保障的程度相符。但这个程度总是达不到完全确定,因此我们必须随时准备承认与先前信念相悖的新证据。此外,当我们根据信念采取行动时,如果可能,我们必须只采取有用的行动,即使我们的信念或多或少不准确;除非我们的信念完完全全正确,否则我们应该避免灾难性的行为。

在科学领域,观察者会将他的结果与"可能的错误"一起陈述;但是谁曾听说过神学家或政治家在他的教条中陈述过"可能的错误",甚至承认任何错误都是有可能的?这是因为科学是我们最接近真实知识的领域,一个人可以依靠他的案例的力量,而在人们一无所知的领域,公然断言和催眠是促使他人分享我们信仰的唯一方法。如果原教旨主义者认为他们反对进化论有充分的理由,他们就不会试图将教授进化论定为非法。

教导一些正统的、政治的、宗教的或道德的内容,这个习惯会产生各种不良影响。首先,它将具有诚实品性与智力能力的人排除在教师职业之外,而他们恰恰是最有可能对学生产生最好的道德和心理影响的人。

我现在来谈谈对学生的影响。我将把它分成两个部分:智力和道德。

在智力上,哪些东西对一个年轻人会形成刺激是一个明显具有实际意义的问题,他会发现不同的人对同样的问题持有不同的意见。例如,一个学习经济学的年轻人,应该听听个人主义者和社会主义者、保护主义者和自由贸易者、支持通货膨胀的人和金本位信徒的演讲。应该鼓励他阅读各个流派的信徒向他推荐的本流派最好的书籍。这将教会他权衡论点和证据，知道没有哪种意见肯定正确，并根据人们的品质而不是他们与自己的先入之见是否相符来对他们进行评判。

历史不仅要从本国的角度讲授，还要从外国人的角度讲授。如果英国的历史课由法国人讲授、法国的历史课由英国人讲授，那么两国之间就不会有分歧，因为彼此都会理解对方的观点。一个年轻人在上大学时应该学会理解所有问题都是开放的，对一个论点的遵循只能到它仍站得住脚的程度为止。当他开始谋生的时候，现实生活的需要会很快摧毁这种态度，但在那之前，他应该被鼓励做出推断和猜测。

在道德上，对年轻人传授正统观念也非常有害。它不仅迫使有能力的教师成为伪君子，从而树立不良的道德榜样；更重要的是，它鼓励不容忍和不良形式的从众本能。埃德蒙·高斯在他的《父与子》中讲到，他还是个孩子的时候，他的父亲告诉他，他要再婚了。男孩看出父亲话里有些羞耻意味，最后他惊恐地问："爸爸，她是一名浸信会教徒吗？"她的确是。直到那一刻，他一直相信所有浸信会教徒都是邪恶的。所以天主教学校的孩子们相信新教徒是邪恶的，英语国家所有学校的孩子都认为无神论者是邪恶的，法国的孩子认为德国人是邪恶的，德国的孩子相信法国人是邪恶的。

当一所学校将传授一种无法在智力上站得住脚的观点作为其教学任务的一部分时，像几乎所有学校一样，它将被迫给出一种印象，即持相反意见的人是邪恶的，否则它就无法产生击退理性质疑攻击所需的激情。因此，为了传授正统观念，孩子们被灌输了不仁慈、不宽容、残忍和好斗的品质。只要政治、道德和宗教确立了明确的意见，这种情况就不可避免。

最后，这种对个人的道德损害，给社会造成了无法估量的破坏。战争和迫害无处不在，到处都是由于学校教诲的结果。威灵顿曾经说过，滑铁卢战役是在伊顿公学的运动场上获胜的，他本可以更真实地说，反对法国大革命的战争是在伊顿公学的教室里煽动的。

在我们的民主时代，伊顿已经变得不重要了；现在，重要的是普通的中小学。在每个国家，学校组织挥舞旗帜、纪念帝国日、庆祝独立日、军官训练团等各种活动，让男孩们尝到杀人的滋味，让女孩们相信，杀人的男人最值得尊重。如果当局允许教师和学生自由发表意见，那么无辜男孩和女孩所面临的导致道德堕落的整个制度将不可能存在。

管制是万恶之源。教育当局并不像宗教所认为的那样，把孩子看作是灵魂需要拯救的人，而是将他们视为宏伟社会计划的材料，是将来工厂中的"人手"或战争中的"刺刀"或别的什么。如果不将每个学生本身当成教育的目的，没有人适合教育别人。学生拥有自己的权利和自己的个性，而不仅仅是拼图游戏中的一块、队伍中的一名士兵或国家的一个公民。尊重人的个性是解决每一个社会问题的智慧的开始，在教育中尤其如此。

（选自《教育与美好生活》，1926年出版）

情感与纪律

不论什么时候，教育都有双重目标：指导良好行为与训练良好行为。良好行为的概念因各个地方的政治制度和社会传统不同而不同。中世纪存在等级制度，最底层的是农奴，至高无上的是上帝，那个时代的主要美德是服从。孩子受到教导，要服从父母，尊敬上层，敬畏牧师，恭顺庄园主。只有皇帝和教皇是自由的，而当时道德规范不涉及自由人，他们就把时间花在相互争斗上。现代人的人生目标与方法都与13世纪的人不同。在民主制度下，合作取代了顺从，群体本能取代了崇敬；这种本能最起作用的群体形成了国家，而以前由于教会普遍存在，国家被认为并不重要。与此同时，宣传重在说服而不是要挟，并学会了向青少年灌输合适的情感。教堂音乐、校歌和国旗对孩子产生影响，决定了他们成年后在情感强烈时的行为。针对这些影响，理性几乎无力反击。

政治观念对早期教育的影响并不总是显而易见，教育者也往往意识不到它的影响。因此，我打算暂时尽量不考虑教育与社会秩序的关系，先讨论教育对行为的影响。稍后我将回到教育与社会秩序的问题上来。

人们试图诱导儿童或动物的某种行为时，可以采用两种不同的方法。第一种，我们可以通过奖惩的方式使儿童或动物做出或避免某些特定的行为；第二种，我们也可以努力在孩子或动物身上催生某种情感，诱发出大体符合我们期望的行为。

采取适当的奖惩分配，可以控制很大一部分外在行为。

通常，需要奖惩时，其各自对应的唯一形式是表扬或责备。通过这种方法，天生胆小的孩子可以获得勇气，而对疼痛敏感的孩子可以学会忍耐。如果一个人在幼年的时候没有养成良好举止，到了青春期，别人轻蔑地一皱眉头依然可以让他学到；因为对这个时期的孩子来说，没有什么惩罚比这更严厉。所有经常接触所谓"礼仪"的人仅仅因为害怕不得体遭到非议，几乎都可以习得这种行为。有些人受到从小所受教育的影响，害怕引起所在群体的不悦，并将这视为最大的不幸，这样的人宁愿死于一场战争（尽管他对这场战争的意义一无所知），也不愿忍受傻瓜的蔑视。英国公立学校已将这一系统完善到极致，通过迫使智力在群体面前畏缩，在很大程度上消除了智力。这就是所谓的"培养男子气概"。

因此,作为一种社会力量,"制造条件反射"的行为主义方法非常强大,也非常成功。它可以而且也确实使人们的行为方式与他们原本会采取的行为方式完全不同,并能够使人们的外在行为接近一致,这种一致性令人印象深刻。然而,这种方法有其局限性。

尽管有心理洞察力的人很久以前就凭直觉感知到了这种局限性,但一直到弗洛伊德,人们才首次从科学上认识了这个问题。在这方面,精神分析的基本发现是:被行为主义方法阻止而无法在行动中公开表达的冲动不一定会消亡,而是被赶到地下,并会找到一些未被抑制的新出口。新的出口通常比受到阻止的出口危害更大,而且会造成情绪障碍和无谓的能量消耗。因此,与那些认为仅靠条件反射训练就足以培养性格的人相比,我们要更多地关注情绪,而不是外在的行为。

而且,奖惩的方法对一些不良习惯不起作用,即使从奖惩本身的角度来看也是如此。其中之一就是尿床。如果一个孩子到了通常不再尿床的年龄仍然尿床,惩罚只会使这个习惯更加顽固。尽管心理学家早就知道这一事实,但大多数校长至今还不知道。多年来,他们一直惩罚有这种习惯的男孩,却从未注意到这种惩罚没有效果。大龄男孩尿床,通常是由于他们存在一些深层次的无意识心理障碍;要治好这个习惯,必须先将这些心理障碍暴露出来。

同样的心理机制适用于许多不太明显的情况。在有明确神经障碍的情况下,这种心理机制已得到广泛认识。例如,盗窃癖在儿童中并不罕见,而且与普通盗窃不同,它不能通过惩罚来治愈,而只能通过明确并消除其心理根源才能解决。人们不太认识到的是,我们或多或少都患有情绪性神经障碍。当一个人的神智与同时代人的平均水平一致时,他被称为神智健全;但许多具备平均神智水平的人,其观点和行为的决定机制都非常怪诞,在真正理智的世界里,这些机制会被视为疯狂。无视人的反社会情绪,一味强调培养良好社会行为,会带来种种危险。这些持续存在的情绪因为被剥夺了所有发泄途径,变得越来越强烈,最终导致无法抗拒的残忍冲动。在意志薄弱的人身上,这些冲动可能会在犯罪中爆发,或以某种会受到社会惩罚的形式表现出来。在意志坚强的人身上,这些冲动会以更恶劣的形式释放出来。他可能在家里是个暴君,在商业中无情,在政治上好战,在社会道德上残害他人;因为这些特质,其他有类似性格缺陷的人会钦佩他;他发挥才能,抓住机会,向一个城市、一个国家或一个时代传播仇恨和痛苦,死后受到普遍尊重。因此,伴有不良情绪的正确行为,不足以使一个人对人类幸福做出贡献。如果为人类幸福做贡献是我们理想行为的标准,那么就必须在品格教育中寻求更多的东西。

通过对这些因素的考虑，加上用同情心对儿童进行的观察，人们可以看出，这种训练性格的行为主义方法是不够的，需要用一种完全不同的方法加以补充。

儿童的成长经历表明，给儿童提供一个合适的环境，使他们普遍产生良好情感，减少甚至消除不良情感，不仅可以影响他们的外在行为，还可以影响他们的感受。有些孩子（和成年人）性格开朗，有些则闷闷不乐；有些很容易满足于别人给予的任何快乐，有些人只要得不到内心想要的快乐就会伤心欲绝；在没有证据的情况下，有些对大多数人抱有友好的信任，有些则对大多数人怀有恐惧的疑虑。儿童普遍的情感态度通常到了成年仍然不变，尽管他们在长大后或多或少学会了用伪装来掩饰胆怯和怨恨。因此，非常重要的是，儿童应该主要拥有那些让他们在童年和以后都快乐、成功和有用的情感，而不是会导致不快乐、失败和恶意的情感。毫无疑问，确定什么样的环境能促进理想的情感，这是心理学能够解决的问题；并且智慧的情感不用借助科学就可以塑造这样的环境。这种方法如果运用得当，它对性格的影响比奖惩的效果更彻底、更令人满意。

什么样的情感环境适合儿童？这是一个微妙的问题，当然答案也会随孩子年龄不同而不同。在整个童年时期，孩子需要安全感，尽管需求程度会不断减少。为此，友善和愉快的日常生活必不可少。与成年人的关系应该是玩耍和身体放松的关系，而不是情感抚慰的关系。孩子应该与其他孩子保持亲密关系。最重要的是，应该创造机会让孩子在建设、探索、智力和艺术方向上发挥主动性。孩子有两个相对立的需求——安全和自由，后者会以牺牲前者为代价逐渐增长。成年人给予孩子的爱应该带来安全感，但不能限制其自由或引起孩子的强烈情绪反应。游戏是儿童的一项重要需求，不仅应该让其他孩子跟自己孩子一起玩，父母也应该与他们一起玩，它对建立最好的亲子关系至关重要。

在现有条件下，自由是最难保障的因素。出于此前讨论过的原因，我并不倡导绝对自由；但我提倡某些形式的自由，尽管大多数成年人觉得无法忍受孩子拥有这些自由。不应该强制孩子尊重成年人，如果孩子想叫他们傻子，就应该允许他们这样叫。我们无法仅仅通过禁止孩子这样叫，成功阻止他们这样想；事实上，如果他们不敢这样叫，他们更有可能看不起我们。不应该禁止孩子起誓，并不是因为起誓本身可取，而是要让他们觉得起不起誓无关紧要；因为这个看法符合事实。他们应该完全摆脱性禁忌，当保守的成年人觉得孩子的谈话似乎有伤风化时，不要加以制止。如果他们表达对宗教、政治或道德的观点，可以与他们争论，只要是真正的争论而不是灌输教条；成年人可以建议孩子考虑自己的说法，但不应该强加结论。

在这样的条件下，孩子们长大后可能无所畏惧，真心快乐，不会因为受到挫折而产生怨恨,也不会像温室里长大的孩子一样提出过分要求。他们的智慧不受丝毫限制,他们会用友善的眼光看待人类事务——这种友善源自于他的满足感。在一个用这些情感武装起来的人类世界,我们社会制度中存在的问题将迎刃而解,包括战争、压迫、经济不平等、对言论自由和调查自由的恐惧以及迷信的道德准则。对这些罪恶现象的容忍源于思想上的胆怯,以及因缺乏自由而产生的恶意。华生[1]博士主张最大程度降低先天因素对性格的影响,但仍然允许婴儿对大人捆绑他的四肢这件事发火——这是婴儿无需学习就具有的反应。这种本能的情绪是热爱自由的基础。一个受到多方面约束的人——舌头被反对自由言论的法律所约束,笔头受到审查制度的约束,爱情受到认为嫉妒胜过爱心的伦理道德的约束,童年禁锢在一套行为准则中,青年接受残酷正统观念的训练——会像四肢被捆绑而动弹不得的婴儿一样,对阻碍他的世界感到愤怒。在怒火驱使下,他会寻求毁灭,他的气质和可能的机会将决定他要么成为一个革命者,要么成为一个军国主义者,要么成为一个道德迫害狂。如何培养出能创造更美好世界的人类,是情感心理学领域的问题,即如何让人类拥有自由智慧和快乐

---

[1] 约翰·华生(1878—1958),美国行为主义心理学创始人,认为儿童完全是环境的产物,可以通过行为主义方法任意塑造成人。他的理论与方法极具争议。

性格。这个问题并未超越科学力量所及的范畴;现在缺乏的是意志,而不是力量。

(选自《教育与社会秩序》,出版于1932年)

诚实

培养诚实（truthfulness）的习惯应当是道德教育的主要目标之一。我所说的不仅是言语上的诚实，也是思想上的诚实。在我看来，两者之中的后者更为重要。相比先是下意识地欺骗自己，然后臆想自己良善和诚实的人，我觉得明知自己在说谎的人还好一些。事实上，每一个思想诚实的人都不会相信说谎总是错的。那些坚称说谎永远错误的人，不得不大量借助诡辩和充满误导性的实践或含糊不清的说法来自圆其说，他们以此欺骗别人而不用承认自己在说谎。尽管如此，我认为撒谎合理的场合很少——远少于从高贵人士的言行举止中推断出的数量。而且，几乎所有可以使撒谎合理化的场合，都是权力被残暴使用的场景，或者人们被卷入战争之类有害活动之中；因此，在良好的社会制度中，它们会比现在要罕见得多。

在现实中，不诚实几乎总是恐惧的产物。没有遭受恐惧而长大的孩子言行诚实，这并不是靠道德上的修养，而是因为他从来就没想过要不诚实。得到明智和友善对待的孩子，眼睛里充满坦诚，即使与陌生人在一起也不会缩手缩脚；受到无休止挑剔和严斥的孩子，则总是害怕遭到责骂，即便在以自然的方式行事，也会担心违反了某条规矩。年幼的孩子最初并不会有可以撒谎的想法。意识到可以撒谎是一种发现，这种发现来自对成年人的观察，并受恐惧的驱使而加速。孩子发现大人对他说谎，而且告诉大人真相是危险的，在这些情况下，他就开始说谎了。避免产生这些诱因，他就不会想到要说谎。

但在判断孩子是否诚实时，有必要保持审慎。儿童的记忆力是有缺陷的，并且他们往往不知道某个问题的答案，而大人却以为他们知道。他们对时间的感觉非常模糊，4岁以下的儿童很难分清昨天和一周以前有什么差别，或者昨天和6小时之前有什么差别。当他们不知道某个问题的答案时，往往倾向于根据你语调中的暗示来回答是或否。还有，他们经常以虚构角色的方式去说话。当他们一本正经地告诉你后院有头狮子时，很明显他们是在演戏；但在许多情形中，他们很容易对表演假扮信以为真。由于所有这些原因，幼儿的说法经常在客观上是不真实的，但他们丝毫没有欺骗的意图。实际上，儿童最初往往以为大人无所不知，因此不可能受骗。我儿子（3岁9个月）会让我告诉他（为了获得听故事的乐趣），当我不在家时，他碰到了哪些趣事，我发现几乎不可能使他相信我不知道发生了什么。成年人知道这么多东西，孩子却不懂他们是怎么知道的，因此他们认为成年人能力无边。去年复活节，我儿子收到了很多巧克力做的复活节彩蛋。我们告诉他，要是吃太多巧克力，他就会生病，但说完之后就没再管他。结果，他真的因为吃得太多生病了。病刚好，他就满脸喜气地找我，用近乎胜利的语气说："我真的病了，爸爸！爸爸说过我肯定会生病。"证实一项科学规律给他带来的喜悦令人惊讶。从此以后，巧克力就可以放心地交给他保管了，尽管事实上他很少有巧克力；而且，他对我们告诉他哪种食物对他有好处的说法深信不疑。在带来这种结果的过程中，不需要道德上的说教、惩罚或恐吓。在孩子更年幼的时候，我们需要的是耐心和坚定。我儿子快到了男孩常偷吃甜食却不肯承认的年龄。我敢说，他有时会偷吃，但如果他撒谎说没偷，我会很意外。当孩子确实说了谎，父母应该责备的是自己而不是孩子；解决问题的方法应该是铲除它的根源，并通过温和而理智的方式解释为什么最好不要说谎。他们的问题不应该通过惩罚来应对，这样做只会增强恐惧感，从而增强说谎的动机。

当然，要想不让孩子学会说谎，大人对孩子保持严格的诚实必不可少。有的大人教育孩子"说谎是一种罪过"，但又让孩子知道他们也说谎,这样的父母自然会失去所有的威望。对孩子说真话是一个全新的观念,在这一代人之前几乎没人这样做过。我非常怀疑夏娃是否对该隐和亚伯讲过关于吃禁果的实情;我相信她会跟他们说,她从未吃过任何对她不好的东西。过去父母常常表现得跟奥林匹斯山众神一样,不受人类情感的影响,总是受纯粹理性的驱使。他们批评孩子时更多地表现出惋惜而不是愤怒,不管他们怎么责备孩子,他们都不是在"发脾气",而是为了孩子好而与他们交谈。他们并未意识到孩子惊人的敏锐观察力;他们虽然不理解各种为骗人而编造的严肃的政治理由,却会直截了当地对它们嗤之以鼻。你自己都没意识到的羡慕和嫉妒之心,在你的孩子看来再明显不过;因此,当你谈论这些被羡慕和嫉妒的人身上的邪恶时,你为此发表的种种道德高论,在孩子的眼中全部大打折扣。永远不要装作完美无瑕和超凡脱俗,孩子不会相信你,即使相信也不会因此而更加喜欢你。我清楚地记得,在我很小的时候就看穿了周围随处可见的维多利亚时代的骗人把戏和虚伪,并发誓倘若自己有孩子的话,我不会重复别人在我身上所犯的错误。现在我正竭尽所能地坚持这一誓言。

说谎的另一种形式是用惩罚进行威胁,但并不打算真正兑现,这种做法对孩子来说极其糟糕。巴拉德博士(Dr. Ballard)在他最有趣的《变革中的学校》(*The Changing School*)一书中强调了这一原则："不要威胁。如果你发出了威胁，就要不顾一切地兑现你的威胁。如果你对儿子说'你再那样干，我就杀了你'，结果他又那样干了，那么你必须杀了他。如果你不做，他会完全失去对你的尊重。"保姆和无知父母对待婴儿时虽然不会发出那么极端的威胁，但同样的原则也是适用的。除非有好的理由，不要坚持说要实施某种惩罚；但一旦你这样做了，就要一以贯之，尽管你可能会后悔挑起了战争。如果你以某种惩罚相威胁，就要选择你打算付诸实施的惩罚，不要侥幸以为自己的虚张声势不会被揭穿。要让没文化的人理解这一原则为何这么难，这一点很奇怪。尤其令人反感的是，他们会以令人恐惧的事情相威胁，比如被警察监禁，或者被怪物带走等。这种做法会先引起一种危险的精神恐惧，继而导致对大人的所有说法和威胁完全持怀疑态度。如果你从未坚称要惩罚却不兑现，孩子很快就会知道，在这样的情况下反抗是无用的，那么他就会言听计从而不会再添麻烦。但这种方法能够奏效的重要一点是：除非确实有充分的理由，否则不要坚称要实施某种惩罚。

另一种不可取的伎俩是，将无生命的物体当作活物来对待。当孩子撞到椅子或桌子受伤时，保姆有时候会教孩子去打那个惹事的物体，并说着"淘气的椅子"或者"淘气的桌子"。这就消除了最有用的自然约束力的来源。如果让孩子自行处理，他很快就会明白，无生命的物体只能通过技巧来操纵，而不是愤怒或讨好。这既对获得技巧是一个促进因素,也有助于孩子意识到个人能力的局限。

在关于性的问题上说谎由来已久,也因而得到认可。我相信这是完全且彻底错误的,不过我这里不再赘述,后面会专门用一章来讨论性教育。

无拘无束长大的孩子会提出数不清的问题,有些问题很聪明,有些则正好相反。这些问题常常令人厌倦,有时候还难以回答。但你必须尽最大的努力如实回答。如果孩子问你一个与宗教相关的问题,如实说出你的想法,哪怕你的想法跟其他成年人有矛盾。如果他问你关于死亡的问题,回答他。如果他问你那些意在证明你邪恶或者愚蠢的问题,回答他。如果他问你关于战争或死刑的问题,回答他。不要以"你还不懂"这样的话来敷衍,除非是遇到科学方面的难题,如电灯是怎样制造的。即使在那种情况下,也要让他明白,只要他学会比现在多得多的知识,就会发现问题的答案是等待他发掘的惊喜。告诉孩子的东西要远多于他所能理解的,而非更少;他未能理解的那部分内容可以激发他的好奇心和求知的雄心壮志。

对孩子保持始终如一的诚实,作为回报,孩子会对你有更强的信任感。孩子有一种天然的倾向去相信你说的话,除非你说的可能跟他某个强烈的愿望相抵触,就像我刚才提到的复活节彩蛋的故事。即使在这些事例中,让孩子对你话语的真实性有些许的体验，将使你能够轻易赢得他的信任而不必特意强调。但若是你习惯于用没有真实发生的后果去恐吓，那么你的恐吓就不得不越来越频繁而且更吓人，最终只会导致孩子陷入紧张的不确定状态。一天，我儿子想要到一条小溪里玩水，但我让他别去，因为我觉得里面有破陶瓷的碎片，会割伤他的脚。他的愿望非常热切，因此对有陶瓷碎片的话将信将疑；但在我找到一块碎片，并给他看了碎片锋利的边缘后，他就完全听从了我的话。如果我为了自己的方便而编造出有陶瓷碎片的话，我就会失去他的信任。如果我找不到任何碎片，就应该让他去玩水。由于有了多次这样的经历，他几乎完全不再怀疑我所说的理由了。

我们生活的世界充满各种骗人的把戏，没有被骗过的孩子长大之后，肯定会蔑视许多通常认为值得尊重的东西。这是令人遗憾的，因为轻蔑是一种不好的情感。我不应该让孩子去关注这类事情，不过当他对它们产生兴趣时，我应该满足他的好奇心。在一个虚伪的社会，诚实会有些妨碍，缺乏无畏精神的话，无人能做到诚实。我们希望自己的孩子正直、公正、坦诚，有自尊心；对我来说，我宁愿看到他们因为拥有这些品质而失败，也不愿看到他们因工于卑躬屈膝而成功。天生的自尊和忠诚正直对于成为杰出的人至关重要。有了这种品质，就不可能说谎，除非是出于某种慷慨的动机。我要将孩子们培养成思想和言语都诚实的人,哪怕这会招致世俗生活的不幸,因为这关系到比财富和荣誉更为重要的品质。

(选自《教育与美好生活》,出版于1926年)

爱与同情

到现在为止，许多读者可能认为我莫名其妙地忽视了对"爱"（affection）的讨论，因为这种情感在某种意义上来说是良好品质的精髓。我认为爱和知识是正确行为的两个主要必备条件，不过在讨论道德教育时，我对"爱"还只字未提。我的理由是，正确的爱应该是自然产生的，源于恰当对待成长中的孩子，而不是在各个阶段刻意追求的东西。我们应该清楚什么样的爱是可取的，以及不同的年龄适合有什么样的性情。男孩从10岁或12岁直到青春期，往往非常缺乏爱心，试图强迫他改变天性是枉费工夫。在整个青少年时期，年轻人展示同情的场合比在成年之后要少，既是因为他缺乏有效表达同情的能力，也是因为他必须为自己的谋生做准备，这大部分不涉及他人的利益。由于这些原因，我们应该更关心培养充满同情心和爱心的成年人，而不是在人生早期强行发展这些品质。我们的问题跟品质教育中的所有问题一样，是一个科学问题，属于所谓的"心理动力学"（psychological dynamics）范畴。爱不可能作为一种职责而存在：告诉孩子他应当爱他的父母和兄弟姐妹是完全无用的，还有可能更糟；希望子女爱自己的父母，必须用自己的行动来激发孩子们的爱，还必须努力给予他们能产生博爱之心的身体特质与心理特质。

孩子绝不能被勒令爱他们的父母，父母也不能做任何以得到这种爱为目的的事情。最关切的父母之爱与两性之爱在这方面有所区别。寻求回应是两性之爱的本质，也是自然的事情，因为没有回应，性爱就无法实现它的生物学功能。但寻求回应并不是父母之爱的本质。自然质朴的父母本能，对待孩子就像对待自己身体的外化部分一样。如若你的大脚趾出了毛病，你会出于自身利益而关注它，并且不会期望它对你产生感激之情。我想，处在原始时代的妇女对她的孩子也有着非常类似的感觉。她对孩子幸福的渴望跟对自己幸福的渴望完全一样，尤其是在孩子还很小的时候。她照顾孩子就跟照顾自己一样，不会感到做出了自我牺牲。也正是因为这个原因，她不会期待孩子对自己感恩戴德。只要孩子还无法照顾自己，被孩子需要就是令她满意的回应。之后，随着孩子开始成长，她对孩子的爱心减弱，而要求却可能增加。就动物而言，当小动物成年后，父母对它们的爱就终止了，也不会对它们提出要求。但就人类而言，哪怕是非常原始的人类，情况都不是这样。健壮武士的父母，会期望儿子在自己年老体衰的时候提供赡养和保护，埃涅阿斯和安喀塞斯的故事[1]则体现了更高文明程度的人类身上的这种情感。随着人们前瞻性的增强，父母为了自己老有所依，越来越倾向于利用子女的爱。于是就产生了孝道（filial piety），其原则在世界各地都普遍存在，并包含在摩西十诫的第五诫中。随着私有财产和有序政府的发展，孝道的重要性减弱了；再过几个世纪，人们会意识到这一事实，孝道也就会过时。在现代世界，一个50岁的人可能经济上还在依赖80岁的父母，因此重要的仍然是父母对子女的爱而不是子女对父母的爱。当然，这主要适用于有产阶层，那种旧的关系在工薪阶层中依然存在。但即使是工薪阶层，由于养老金制度和类似措施的推行，也使得旧的关系正在逐渐被取代。因此，孩子对父母的爱在各种最重要的美德中无法再有一席之地，而父母对孩子的爱依然是非常重要的美德。

精神分析学家还突出强调了另外一类危险，不过我认为他们对事实的解释可能值得商榷。我考虑到的危险与子女对父母

---

[1] 埃涅阿斯是古希腊神话中的战斗英雄，在特洛伊城沦陷后，携带幼子，并背负父亲安喀塞斯逃离家园。

某一方的过度依恋有关。成年人甚至青少年，都不应该受到父亲或母亲的过度压制以至于不能独立地思考或感受。如果父母比孩子个性更强势，这种情况可能很容易发生。除了极少数病态的例子，我不相信存在"俄狄浦斯情结"，即儿子对母亲或女儿对父亲有特殊的依恋之情。如果存在父母的过度影响的话，它会来自父母当中跟孩子打交道最多的那一方——通常是母亲——而跟性别无关。当然，有可能出现女儿不喜欢母亲，而又很少见到父亲的情况，她会把父亲理想化；但在这种情况下，施加影响的是想象中的父亲，而不是实际的父亲。理想化就是为希望找个借口：借口只是为了方便，而与希望的本质无关。父母的过度影响与此截然不同，因为它与实际的人而不是某个虚构的形象有关。

与孩子一直接触的大人可能很容易在孩子的生活中占据支配地位，使孩子成为精神上的奴隶，甚至在孩子长大后依然如此。这种过分依附可以是智力方面的，也可以是情感方面的，或者同时是两方面的。前者的一个典型例子是约翰·斯图亚特·穆勒，他无论如何努力都无法使自己承认他父亲可能犯了错。从某种程度上说，智力依附于早年的环境是正常的，很少有成年人能够发表超出父母或老师教给他们的见解，除非受到了某种大的潮流的裹挟。伊斯兰教徒的孩子是伊斯兰教徒，佛教徒的孩子是佛教徒，以此类推。可能有人坚持认为智力上的依附是自然和正常的，我倾向于承认这种情况只能通过专门的教育来避免。应该小心避免这种来自家庭和学校的过度影响，因为在一个快速变化的世界中，保有过去一代人的观念是极其危险的。但现在我只打算讨论情感和意志上的依附，因为它跟我们现时的话题有更直接的关联。

精神分析学家讨论属于"俄狄浦斯情结"（我认为这个术语具有误导性）的那些罪恶，源于父母过分渴望子女对他们的情感回应。就如我刚才所说，我相信纯粹的父母本能并不渴望情感回应；孩子对他们的依赖，以及他们指望父母提供保护和食物的事实，就能使他们的本性得到满足。这种依赖性消失的时候，父母之爱也消失了。这就是动物界的情形，就它们的目的来说，这是完全令其满意的。但人类的本能几乎不可能这么简单。我已经考虑过军事和经济方面的影响，就像关于孝道的说教所展现的那样。我现在关注的是，在父母本能发挥作用时，造成困惑的两种纯粹心理根源。

在智力注意到本能可以带来的快乐时，第一个困惑就产生了。总体来说，本能会促使人们做出令人愉悦的行为，这些行为会引发有益的后果，但后果可能并不让人愉悦。吃饭令人愉悦，但消化不是如此——尤其是在消化不良的时候。性爱是令人愉悦的，但分娩不是如此。婴儿对父母的依赖令人愉悦，但拥有独立性的充满活力的成年儿子不是如此。具有原始母性的妇女从吃奶的婴儿那里获取了最大的快乐，但这种快乐随着孩子的自理能力增强而逐渐减少。因此，为了获得快乐，她们倾向于延长孩子的依赖期，并推迟孩子可以脱离父母指引的时间。一些常见的俗语反映了这个趋势，如"拴在他妈妈的围裙带上"。以前人们认为要消除男孩身上的这种坏现象，只有将他们送去学校。而在女孩身上，这不会被视为一种坏现象，因为人们觉得让女孩变得无助和有依赖性是可取的（如果她们家境富裕），并希望她们在婚后能像从前依附母亲那样依附丈夫。不过，这种情况很少发生，希望的落空便引起婆婆的笑话。笑话的目的之一是阻止人们思考，而这种特别的笑话非常成功地达到了这一目的。似乎没人意识到，一个被抚养成依附于他人的女孩，依赖的自然是她的母亲，因此不可能全心全意地跟一个男性结成伴侣，而全心全意正是幸福婚姻的本质。

　　第二种心理混乱更接近于正统的弗洛伊德观点。当性爱因素进入父母之爱中的时候，这种心理混乱就产生了。我不是指任何必须依赖于性别差异的东西，我指的只是对于某种特定情感回应的期望。性心理学有一部分——事实上，正是这个部分使一夫一妻制成为可能——是渴望成为某人心目中的唯一，渴望感到至少对世上某个人的幸福来说，自己比任何其他人都重要。当这种渴望导致了婚姻后，只有在实现很多其他条件后才能产生幸福。由于这样那样的原因，文明国家里相当大部分已婚女性都没有获得满意的性生活。如果一位女性碰到了这种情况，她往往会从孩子那里寻求一种不合法而且虚假的欲望满足，而这种欲望只有男性才能充分而自然地提供满足。我并不是指任何明显的东西，只是指某种紧张情绪、热烈感受，以及亲吻和过分爱抚带来的愉悦。过去人们常认为，一个充满爱心的母亲有这些做法是十分正常而且恰当的。的确，正常与有害之间的区别非常微妙。如果像某些弗洛伊德主义者那样，坚持认为父母完全不应该亲吻和爱抚自己的孩子，就有点荒谬了。孩子有权从父母那里得到温暖的爱，这能给予他们一种快乐的、无忧无虑的世界观，对孩子健康的心理发展也至关重要。但这种爱应该是孩子觉得理所当然的事情，就像他们呼吸的空气，而不是某些期望他们去回应的东西。事情的本质就是回应的问题。孩子会有某种自发的回应，这当然是好事；但它完全不同于孩子积极追求伙伴们的友谊。从心理学上来说，父母应该隐退在后台，不应该要求孩子的行动以取悦父母为目的。父母的快乐应该来自孩子的成长和进步；孩子以回应的方式给予他们的任何东西，都应该怀着感激之情接受，将其视为纯粹的额外收获，就像春天的好天气，不应该将其视为自然秩序的一部分来期待。

女性要成为幼儿的完美妈妈或完美老师非常难，除非她在性方面得到了满足。不管精神分析学家会怎么说，父母本能与性本能有着本质的区别，而且会被只适合性的情感因素侵入，从而受到损害。从心理学来说，聘请单身女教师的习惯在心理学上是完全错误的。适合跟孩子打交道的女性，她的本能不是从孩子那里寻求不该由孩子来提供的自我满足。婚姻幸福的女性无须努力就属于这种类型，但任何其他女性则需要具备一种几乎不可能获得的微妙的自控力。当然，男性在同样的情形中也适用同样的原则，不过男性碰到这种情形的时候比女性要少得多，既是因为他们的父母本能通常不太强烈，也是因为他们很少会有性饥渴。

期望孩子以什么态度对待父母，我们对这个问题有清楚的认识是明智的。如果父母正确地爱自己的孩子，孩子的回应将会是父母所渴望的。父母来时孩子高兴，父母走时就难过，除非他们正聚精会神地做一些愉快的事情。碰到任何身体或心理上的麻烦，他们会向父母寻求帮助。他们敢于冒险，因为他们背后有父母的保护可以依靠——不过这种感觉在危险关头才能意识到。他们会期望父母回答他们的问题，解除他们的疑惑，并帮助他们完成困难的任务。父母为他们做的大部分事情，不会进入他们的意识。他们会喜爱自己的父母，不是因为父母提供食宿，而是因为父母陪他们玩，教他们怎样做新东西，还给他们讲关于世界的故事。他们会逐渐意识到父母爱他们，但这应该作为理所当然的事情来接受。他们感受到的对父母的爱与他们对其他孩子的爱截然不同。父母的行动应当考虑孩子，孩子的行动则应当考虑自己和外部的世界。这是一种本质上的区别。子女在与父母的关系中不存在重要的职责。他们的职责就是长智慧、长身体，只要做到了，健康的父母本能就会得到满足。

如果我所说的留下了这样一种印象，即希望减少家庭生活中爱的分量或者降低示爱的自发性，那么我应该深表歉意。这根本不是我的意思。我的意思是爱有不同的种类。夫妻之间的爱是一回事，父母对子女的爱又是一回事，而子女对父母的爱又是另一回事。当这些不同种类的自然情感被混淆的时候，就会产生危害。我不认为弗洛伊德主义者在这个问题上已经抵达真理彼岸，因为他们不承认这些情感的本质差异。这使他们在父母与孩子的关系问题上成为一定程度上的禁欲者，因为他们把任何父母与孩子之间的爱都看作是不恰当的两性之爱。我相信，只要不是出现特别不幸的情况，就不需要做出任何重大的自我牺牲。丈夫和妻子彼此相爱并且都爱他们的孩子，应当能够遵从内心的指引而自发地行动。他们需要许多思想和知识，但这些可以从父母的爱中获取。他们不应该向孩子索取本应由夫妻相互给予的东西，而如果彼此都感到幸福，也就不会产生这种冲动。如果孩子得到恰当的照顾，他们会对父母产生一种自然的爱，且它不会成为独立的障碍。这需要的不是禁欲者的自我牺牲，而是本能在智力与知识的正确引导下得到自由发挥和扩展。

我儿子2岁4个月的时候,我去了美国,整整3个月不在家。我不在的时候,他很快乐,而我回来的时候,他欣喜若狂。我发现他正在花园门口焦急地等待,他抓住我的手,开始带我看各种让他特别感兴趣的东西。我想听他讲,他想讲给我听;我没有讲的欲望,他没有听的欲望。这是两种不同的冲动,但相互融洽。到了讲故事的时间,他想听而我想讲,我们再次达到了和谐。只有一次这个情形颠倒过来了。他3岁6个月的时候,我过生日那天他母亲对他说,他应该尽其所能让我高兴。听故事是他最大的乐趣。让我们惊喜的是,到了讲故事的时间,他宣布要讲故事给我听,因为今天是我的生日。他讲了十多个故事,然后跳下床说:"今天的故事讲完了。"这是3个月前发生的事,他在这之后再也没讲过故事了。

现在我要讨论一个更宽泛的问题,即普遍意义上的爱与同情。在父母与孩子的关系中,由于父母有可能滥用权力,会产生一些难题。因此在讨论普遍性问题之前,有必要先处理这些难题。

没有什么方法可以迫使孩子产生同情或爱,唯一可能的方法是,观察这些情感自发产生的条件,然后努力创造这些条件。毫无疑问,同情在一定程度上出自本能。孩子听到兄弟姐妹在哭的时候会着急,常常也会跟着哭。如果大人正在对孩子做什么令人不愉快的事，他们会挺身而出激烈地反对。有一次，我儿子肘部受伤需要包扎，他妹妹（18个月大）在另一个房间听到他哭，非常不安。她反复不停地说"强尼在哭，强尼在哭"，直到包扎完毕。有一次，我儿子看到他母亲用针从她脚上挑刺，他焦急地说："不疼，妈妈。"他母亲说疼，想借此教他不要小题大做。他坚持说不疼，他母亲则坚持说疼。然后他忽然啜泣起来，哭得就好像是在他自己的脚上挑刺一样凶。孩子的这些反应肯定是由本能的生理上的同情激发的。这是必须要建立的更复杂形式的同情的基础。显然，正面的教育方式不需要更多，只需让孩子明白人和动物都能感到疼痛，而且有些情况下确实感到了疼。不过，还有一个否定条件：必定不能让孩子看到他尊敬的人做出不友善或残忍的事情。如果父亲射杀猎物，或者母亲对女仆恶语相向，孩子就会染上这些恶习。

什么时候以及用什么方式让孩子意识到世界上存在邪恶，这是个难题。如果不知道战争、大屠杀、贫困以及可预防但未能预防的疾病，孩子的成长是不可能的。到了某个阶段，孩子必须知道这些事情，并将这些知识与下述坚定的信念结合起来：施加甚至容许任何本可以避免的痛苦是可怕的。我们在这里遇到的问题，与希望女性保持贞操的人所面临的问题类似，这些人原来认为女性应该在婚前保持性无知，不过现在他们采取了更为积极的做法。

我知道一些和平主义者希望历史教学不要提及战争，并认为应该尽可能久地让孩子对世界上的残暴行为保持无知。但我不能赞扬这种由于无知而产生的"隐逸之德"（fugitive and cloistered virtue）。只要还有历史教学，就得如实地教。如果真实的历史跟任何我们希望传授的道德相冲突，那我们的道德肯定是错误的，最好将它抛弃。我乐于承认，包括一些最高尚的人在内，许多人觉得事实会引起麻烦，但这是由于他们的德性中尚有某种软弱。真正健全的道德，只会由于充分了解世界上真实发生的事情而得到加强。我们必不能冒这样的险：在无知中接受我们教育的年轻人，一旦发现这类罪恶的存在，将会欣然变成邪恶的人。除非我们能使他们反感残忍，否则他们便不会摒弃残忍；如果他们不知道残忍的存在，便不可能对它产生反感。

然而，找到向孩子传授关于邪恶的知识的正确方法并不容易。当然，那些生活在大城市贫民窟的孩子很早就知道了酗酒、吵架、家暴等等。如果受到其他影响的抵消，也许这些对他们并没有伤害，但是没有一位谨慎的父母会有意让非常年幼的孩子暴露在这样的情景之下。我认为最大的反对理由是，这些景象会如此生动地激起恐惧，以至于会给孩子的未来投下阴影。孩子没有防卫能力，当他第一次知道针对孩子的残忍行为可能发生的时候，会禁不住感到恐惧。我第一次读《雾都孤儿》的时候大约 14 岁，它使我充满了恐惧情绪，要是我再小一些几乎不可能承受这样的情绪。可怕的事情不应该让幼小的孩子知道，直到他们长大到能在一定程度上镇定对待的时候。这个时间点，有些孩子来得早一些，另外的孩子来得晚一些：对比那些冷静或生来就充满勇气的孩子，想象丰富而且胆小的孩子应该受到更长时间的庇护。在让孩子面对不友好的存在之前，应该先坚定地确立因为期待良善而毫无畏惧的心理习惯。选择让他们知道的时机和方式需要策略和理解，不是一条简单的规则就能决定的事。

不过，有些原则应该遵循。首先，像"蓝胡子"和"巨人捕手杰克"这类故事完全不涉及任何残忍的知识，不会产生我们正在考虑的问题。对孩子来说，它们纯属虚构，他从来不会以任何方式将它们跟真实的世界联系起来。毫无疑问，他从中获得的乐趣与野蛮的本能相关，但这些本能对于无力的孩子来说，只是游戏的冲动，没有危害，而且往往会随着年龄增长而逐渐消失。不过，第一次向孩子介绍真实世界中存在的残忍现象时，要仔细选取那些会让孩子认同受害者而不是施暴者的事情。如果他认同故事中的暴君，他身上的野蛮本性就会使他欢欣鼓舞，这类故事往往会使他成为帝国主义者。而亚伯拉罕准备祭献以撒，或者母熊杀死受到以利沙诅咒的孩子之类的故事，会自然引发孩子对其他孩子的同情。如果要讲述这类故事，就应该告诉他们,讲述的目的是表明很久以前人们就已经堕落到了这般残忍的程度。我还是孩子的时候,曾有一次听了长达一个小时的布道,整个布道都是为了证明以利沙诅咒那些孩子是对的。幸运的是我那时已经够大了,我认为那个教区牧师是一个蠢货,不然的话我可能已经被吓疯了。亚伯拉罕和以撒的故事更可怕,因为残忍对待孩子的正是那个孩子的父亲。如果讲述故事时先有了亚伯拉罕和以利沙是高尚的人的假定,那么这类故事要么不应该讲,要么会极大降低孩子的道德水准。但如果将它们作为例子来说明人类的邪恶,这类故事就有意义,因为它们生动、时代遥远而且并非真事。在《约翰王》(*King John*)中,休伯特挖掉小阿瑟眼睛的故事也可以用这种方式来讲述。

然后,历史教学或许就成为可能,包括历史上的所有战争。但在讲述战争的历史时,应该将同情首先给予战败者。我会首先讲述那些让人自然地站在战败方的战役——例如,在教一个英国小男孩时,给他讲黑斯廷斯战役。我会始终强调战争带来的创伤和苦难。我还会逐渐引导孩子在阅读有关战争的书籍时不抱偏袒之心,而是认为双方都是发脾气的蠢货,应该让保姆把他们放到床上,一直到他们变乖为止。我会将战争比作幼儿园里孩子之间的争吵。我相信用这种方式可以使孩子看清战争的真相,并认识到它的愚蠢。

如果某个冷酷或残忍的真实事件引起了孩子的注意，就应该对它进行充分讨论。讨论应该包括大人自己对这个事件所持的全部道德价值观，并包括如下暗示：行为残忍的人是愚蠢的，由于他们成长中没有得到良好的教育，因此不懂得明智处事。但如果孩子自己没有自发地在现实世界中看到这类事情，我不会刻意提醒他去注意，直到他通过历史和故事熟悉了这类事情，然后我会逐渐介绍他周围存在的邪恶现象。但我总是会设法让他觉得，邪恶可以被打败，它源于无知、自制力的缺乏，以及糟糕的教育。我不会鼓励孩子对作恶者感到愤慨，而是将他们看成不懂幸福为何物的笨蛋。

由于有了本性上的萌芽，培养广泛的同情心主要是一个智力方面的问题：它取决于对注意力的正确指引，以及对军国主义者和独裁主义者所掩盖的事实的了解。例如，托尔斯泰曾描写拿破仑在奥斯特里茨战役获胜后巡视战场的情景。大多数历史记载只记录到战争结束，托尔斯泰只是简单地多描绘了一下战役结束后 12 小时的战场情形，就呈现出了一个截然不同的战争图景。他的做法不是隐瞒事实，而是提供更多事实。适用于战争的东西也同样适用于其他形式的残忍行为。在所有情形中，完全没必要强调道德，正确地讲述故事就已经够了。不要进行道德说教，应让事实帮孩子在内心培育他们自己的道德。

关于爱，还要多说几句。爱区别于同情的地方在于，它不可避免地具有选择性，而且它本质上也是选择性的。我已经谈到父母和孩子之间的爱，现在要考虑的是同等的人之间的爱。

爱不能被创造，只能被释放。有一种爱在一定程度上根植于恐惧，对父母的爱就具有这种成分，因为父母提供保护。在童年时期，这种爱是自然的，但在之后的人生中它就不可取了。即使是在童年时期，对其他孩子的爱也不属于这种类型。我女儿非常爱他的哥哥，尽管在她的世界中，他是唯一欺负过她的人。对同等之人的爱是最好的一种爱，在幸福和无惧的时候它更可能存在。恐惧很容易导致厌恶，不管这种恐惧是有意识的还是无意识的，因为恐惧的人认为其他人可能会对自己施加伤害。就事实来看，嫉妒是阻止大多数人博爱的障碍。我认为，没有幸福，嫉妒便无法预防，道德管束无法触及它的潜意识形态。反过来，幸福又主要受到恐惧的妨碍。有机会获得幸福的年轻人常常受到父母和"朋友"的阻止，名义上是出于道德方面的理由，实际上是出于嫉妒。如果这些年轻人有足够的无畏精神，就会无视那些预言罪恶的人；否则他们就会容许自己堕落，并加入那些心怀嫉妒的道德家的行列。我们一直在讨论的品质教育旨在培养幸福与勇气，因此我认为，这种教育是在尽其所能地打开爱的喷泉。我们不可能做得再多了。如果你告诉孩子他们应该有爱心，就会有培养出伪善之人和骗子的风险。但如果你让他们获得幸福与自由，就会发现他们自发地善待每一个人，而且几乎所有人都会以友好的态度来回应。一种充满信任与热爱的性情能自证其合理性，因为它散发出不可抗拒的魅力，并获得它所期待的回应。这是我们期望从正确的品质教育中获得的最重要的成果之一。

（选自《教育与美好生活》，1926年出版）

性教育

性的话题被裹上如此多的迷信和禁忌，以至于我在讨论它时如履薄冰。我担心的是，如果我将我提出的各项原则应用于性的领域，迄今接受这些原则的读者就会对它们产生怀疑；他们可能已经乐于承认无畏和自由对孩子是有益的，但在涉及性的问题时，他们仍然渴望对孩子施加束缚和恐吓。但我不能因此限制自己去相信这些完全可靠的原则，我会像对待构成人类品质的其他冲动那样来对待性的问题。

性具有与禁忌无关的独特性，那就是性本能的晚熟特性。的确，就像精神分析学家所指出的（虽然相当夸张），童年时期并不缺乏这种本能。但它在童年时期的表现与成年生活不同，其力量要弱得多，而且一个男孩在身体上也不可能像成年人那样放纵它。青春期仍要面对重大的情绪危机，这深深影响了智力教育，其所造成的干扰给教育者提出了诸多难题。这类问题中有许多我都不打算讨论，我打算考虑的主要是青春期之前应该做什么。这个方面是最需要教育改革的，尤其是在婴幼儿时期。虽然我与弗洛伊德学派在很多具体问题上意见不一，但我认为他们做出了一件非常有价值的事，即指出了在性的问题上错误地对待幼童，会使他们以后出现神经紊乱。他们的工作在这方面已经产生了广泛的有益结果，但仍有大量偏见需要克服。当然，由于孩子在出生后的前几年，大部分是由完全没受过教育的女性来照顾的，这种做法使得困难大大增加，因为无法指望这些女性了解——更谈不上相信——专业人士的长篇大论。长篇大论是专业人士为避免被指责淫秽而不得不选择的表达方式。

如果按时间顺序来考虑我们正在讨论的问题，母亲和保姆首先遇到的问题是孩子手淫。权威专家表示，这种现象在2岁和3岁的孩子身上普遍存在，此后通常会自行消失。有时它会因为某种可以避免的明确的生理刺激而表现得更加显著。（医学细节不在我的讨论范围内）但即便没有这些特殊原因，手淫现象通常也会存在。人们已经习惯于将手淫看成令人惊骇的事，并且会用可怕的威胁加以阻止。通常来说虽然孩子相信这些威胁，但它们也不起作用，其结果是孩子生活在提心吊胆的折磨中，而这种害怕会导致它与最初的原因脱钩（因受压抑而转成潜意识），但会持续引发噩梦、神经质、幻觉和精神上的恐惧。如果对幼儿的手淫不加干预，显然对健康没有什么不良影响，也未发现对品质有不良影响。看起来，在这两个方面所观察到的手淫的不良影响，完全可以归咎于制止手淫的做法。哪怕手淫有害，颁布一条不会得到遵守的禁令也是不明智的；而且就这件事的性质来说，在你禁止孩子手淫之后，也不可能确保他不会继续。如果你什么也不做，这种行为或许很快就停止了。但只要你做点什么，反而会使手淫停止的可能性大大减少，还会为可怕的神经紊乱埋下伏笔。所以，虽然做起来有点难，这方面还是不管为好。我不是说禁令之外的其他方法也应该舍弃。让他睡意来了的时候再上床睡觉，这样他就不会在床上长时间醒着。在床上放几件他喜欢的玩具，这样可能会分散他的注意力。这类方法孩子完全可以接受。但如果它们失败了，也不要诉诸禁令，甚至不要让孩子注意到他沉溺于手淫的事实，然后手淫就可能会自行停止。

对性的好奇心通常在3岁那年产生，表现为对男女之间、大人和小孩之间的生理差异产生兴趣。从本质上看，这种好奇心在幼儿时期并不特殊，纯粹是普通好奇心的一部分。在按照传统方法养育的孩子身上可以看到这种好奇心具有特殊性，这是成年人故作神秘所导致的。如果不搞得神神秘秘，好奇心一旦得到满足就会消失。从一开始就应该允许孩子看到父母和兄弟姐妹赤身裸体的样子，只要这是自然发生的，双方都不应大惊小怪；不应让孩子知道人们看见裸体会产生反应。（当然他以后会知道）你会发现，孩子很快就注意到父母之间的身体差异，并将其跟兄弟和姐妹之间的差异联系起来。不过，一旦这个主题被探索到了这种程度，它就变得索然无味了，就像经常打开的橱柜一样。当然，孩子在观看期间提出任何问题都必须给予回答，就像回答其他方面的问题一样。

回答问题是性教育的重要部分。这里涉及两个基本原则：第一，要永远如实回答问题；第二，把性知识当成和其他方面完全一样的知识。如果孩子问你一个关于太阳、月亮、云、汽车或者蒸汽机的聪明问题，你会感到高兴，他能接受多少你就会讲解多少。回答问题占据了早期教育很大一部分内容。但如果他问你一个与性有关的问题，你可能忍不住会说"住口，住口"。如果你已经了解了不该这样做，你的回答仍然可能是简短而枯燥的，或许还会流露出些许尴尬的神情，孩子马上就能注意到这种微妙之处，这样你就为好色心理奠定了基础。你应当像回答其他方面的问题一样给予详尽自然的答案。不要让自己觉得——哪怕是在潜意识里——性是令人讨厌和肮脏的。如果你有这种感觉，它就会传达给孩子。他必然会想，父母关系中有某些下流的东西；这之后，他会得出结论，父母认为创造他生命的那种行为是不好的。幼时的这种感觉使得出于本能的快乐情感几乎不可能产生，不仅在青少年时期如此，成年以后也是如此。

如果孩子有弟弟或妹妹出生，而他自己也到了能提出这方面问题的年龄，比如说3岁以后，那就告诉他，孩子是在母亲体内生长的，他也是以同样的方式生长的。让他看母亲给新生儿哺乳，并告诉他，母亲也同样哺育过他。所有这些跟其他与性有关的事情一样，都应该以完全科学的态度告诉他，不必煞有介事。千万不要跟孩子谈什么"母性神秘而神圣的职责"，整件事都必须完全实事求是地讲述。

如果孩子到了能提出关于生育问题的年龄而家里没有新成员诞生，那么孩子提出这个问题可能是因为大人曾告诉他"这个事发生在你出生以前"。我发现我儿子到现在仍难以理解他曾经有一段时间是不存在的。如果我跟他谈论金字塔的建造或者类似的话题，他总想知道那时他在做什么，当被告知那时他还不存在时，他完全迷惑不解。他迟早会想知道"出生"意味着什么，到那时我们会告诉他。

在回答生育问题时，父亲在其中的作用不太可能被自然地提及，除非孩子生活在农场里。但非常重要的是，孩子对这方面的了解首先应来自父母或老师的回答，而不是从那些因教育不当而言语下流的孩子那里获得。我清楚地记得，我12岁那年从一个男孩那里知道这些事，他用下流的眼光来看待这件事，将它当成了一个黄色笑话。这是我这一代男孩的普遍经历。自然地，其结果就是绝大多数人终生都认为性是可笑和下流的，这导致他们不能尊重和他们发生性关系的女性，即使她是他们孩子的母亲。尽管做父亲的一定记得他们当初是如何获得性知识的，但父母还是对这个问题抱有侥幸的怯懦策略。我想象不出，怎么能够期望这些做法有助于培养出孩子健全的心智或可靠的品质。从一开始就应当把性看作是自然的、令人愉悦的和正当的。否则的话就会毒害男女关系以及父母与孩子的关系。性的最佳状态存在于彼此相爱并且爱他们孩子的父母之间。孩子应该首先从父母关系中获得对性的了解，这样远远好于从下流言谈中获得对性的最初印象。如果孩子发现父母的性生活被当成罪恶秘密并一直对他隐瞒，那就尤为糟糕。

如果在性问题上不存在被其他孩子教坏的可能，那么这个问题就可以任由孩子的好奇心去自然发展，父母只需回答问题就行——前提始终是要让孩子在青春期到来之前了解一切。这样做绝对至关重要。让一个男孩或女孩毫无准备地突然去面对青春期，面对身体和情感上的变化，这是很残忍的，而且可能会使他们感到自己染上了某种可怕的疾病。此外，在青春期之后，所有关于性的话题都变得令人兴奋，使得孩子无法以科学的态度去聆听相关的讨论，但这在孩子还小的时候是完全可以做到的。因此，若是不存在听到下流言论的可能性，孩子应在青春期到来之前了解性行为的本质。

至于在青春期之前多久传授这些知识,则要依据具体情况。好奇心强、思维活跃的儿童应当比思维迟钝的儿童更早地被传授这些知识。任何时候都不该使好奇心得不到满足。无论孩子多么年幼,只要他提出了问题,就必须回答。而且父母应该表现出这样的态度:如果他想知道就可以问。但如果他不主动提问,那么无论如何要在他10岁之前告诉他,以免先让别人以坏的方式告诉他。因此,通过讲解植物和动物的繁殖来激发他的好奇心可能是有益的。不应该找庄重的场合,郑重其事地清清嗓子,以及做这样的开场白:"现在,我的儿子,我要告诉你一些你是时候知道的事情了。"应把整件事当成普通的寻常小事。这就是为什么最好的方式是回答问题。

到了今天,我想已无须争辩说男孩和女孩应该受到同等对待。我小时候,这样的情形很常见:一个"教养良好"的女孩在对婚姻本质一无所知的时候就结婚,她不得不从丈夫那里学习婚姻知识。但近年来,我已经很少听到这样的事了。我认为,如今大多数人都认识到,基于无知的美德是毫无价值的,在获得知识方面女孩跟男孩拥有同等的权利。如果有人还未意识到这一点,他们不大可能读我这本书,因此不值得与他们争论。

我不打算讨论狭义的性道德教育。对于这个问题,依然是众说纷纭。基督徒的看法不同于穆斯林,天主教徒不同于容忍离婚的新教徒，思想自由的人不同于中世纪主义者。家长都希望用他们信奉的特定的性道德来教育孩子，并且我希望政府不要干涉他们。但如果不去纠缠那些复杂的问题，还是有许多东西可以作为共同立论的基础的。

最首要的是卫生问题。年轻人在面临感染性病的危险之前，必须了解性病。这方面的知识应该如实地教给他们，不要像有些人那样为了维护道德而故意夸张。他们既应学会如何避免性病，也要学会如何治疗性病。只给予道德完美的人所需要的教导，而把其他人遭遇的不幸看作对他们罪行的惩罚是错误的。我们可能会因此拒绝帮助在车祸中受伤的人，理由是粗心驾驶是一种罪过。而且，在这样或那样的情形中，惩罚都可能落到无辜者头上。人们不能认为生来就染上梅毒的孩子有罪，就像不能认为被粗心司机碾压的人有罪一样。

应该引导年轻人意识到，养育孩子是一件非常严肃的事情，除非对孩子能获得健康和快乐有合理的预期，否则不应生孩子。传统观念是，有了婚姻，生育总是正当的，哪怕因频繁生育而毁掉了母亲的健康，哪怕孩子患病或精神不正常，哪怕预计没有足够的食物来喂养孩子。如今，只有无情的教条主义者还坚持这种观念，他们认为凡是令人蒙羞的事都为上帝增添了荣耀。那些关心孩子或不以折磨无助者为乐的人，都反对使这种残忍行径合理化的无情教条。关心孩子的权利和价值，以及这种关心隐含的一切，都应成为道德教育不可或缺的部分。

女孩应被教导要预期她们有一天可能成为母亲，因此应该掌握一些将来可能有用的关于这方面的基本知识。当然，男孩和女孩都应该学习一些生理和卫生知识。应该让他们明白，缺乏父母之爱，没有人能成为好父母；但即使有了父母之爱，仍然需要有大量的知识。有本能但没有知识，与有知识但缺乏本能一样，都不足以抚养孩子。对知识的必要性理解得越深，聪慧的女性就越能感到母亲身份的吸引力。目前，很多受过高等教育的女性轻视做母亲，认为做母亲无法给她们提供施展才能的空间，这是极大的不幸，因为如果她们往这个方面想的话，是有能力成为最优秀的母亲的。

在性爱教育中还有一个问题至关重要。人们绝不应将嫉妒视为坚持权利的正当行为，而应将之视为嫉妒者的不幸和对被嫉妒者的不公。当占有欲侵入爱情，爱情就会失去激发热情的活力，并会吞噬人性；如果爱情中不存在占有欲，就能使人性完整，使人生更加丰富。从前，家长因反复灌输爱是一种义务而毁掉他们和孩子的关系；现在，夫妻之间仍然经常因为同样的错误而毁掉他们之间的关系。爱情不可能是一种职责，因为它不受意志的支配。爱情是来自上天的恩赐，是上天所能赐予的最好礼物。那些把爱情关进牢笼的人，会摧毁只有自由且自发的爱情才能展示出的美妙和喜悦。在爱情中，恐惧又一次成为敌人。担心失去人生幸福的人其实已然失去了幸福。这跟其他事情一样，无畏是智慧的核心。

因此，在教育我自己的孩子时，我会努力防止他们学习我认为有害的道德准则。有些持有自由主义观念的人愿意让他们的孩子先接受传统的道德，待以后如果可能的话再加以摆脱。对此我并不赞同，因为我认为传统的准则不仅禁止无辜的东西，而且推崇有害的东西。那些接受了传统教育的人，几乎必然相信自己在必要之时心怀嫉妒是合理的；而且他们还可能对性着迷，要么全盘肯定，要么全盘否定。我不会教孩子觉得终生忠于伴侣在任何情况下都是可取的，或者认为一段永久的婚姻应该排除短暂的爱情插曲。只要嫉妒被视为符合道德，这样的爱情插曲就会引发严重的冲突；但如果双方都接受不那么严苛的道德，就不会产生冲突。有孩子的婚姻关系应该尽可能地长久维持，但也不必因此而排他。如果双方都有自由并且没有金钱方面的动机，爱情是美好的；如果这些条件不能满足，它往往可能是糟糕的。因为传统的婚姻常常不能满足这些条件，人们才被迫接受一种积极的而非限制性的、基于希望而不是恐惧的道德准则，用它来合乎逻辑地对抗在性问题上已经接受的准则。因此，没有任何理由让我们教育自己的孩子去接受一种我们认为有害的道德准则。

最后，父母和教师在对待性问题时应该展现科学的态度，而不是情绪化或教条式的态度。例如，说到一位母亲跟女儿谈论性问题时，后一种态度的表现是："让她以敬畏的态度讲述自然的旨意。"说到一位父亲教导儿子时，后一种态度的表现是："父亲应该以敬畏的态度解释自然开创新生命的旨意。"读者可能会忽视这类说法，因为觉得它们没有包含值得商榷的内容。但在我看来，解释性问题与解释蒸汽机的构造一样，不存在需要使用更多"敬畏"的场合。使用"敬畏"暗示了一种特殊的语气，孩子会从中判断出性具有某种特质。这个结论距离色情和下流只有一步之遥。直到我们不再将性的问题和其他任何问题区别对待，我们才能确保得体地对待它。因此，我们绝不能提倡那些毫无根据并且会为大多数公正学生所质疑的教条，如："成年之后，理想的两性社会关系是一夫一妻（monogamous）的婚姻关系，双方都应该在生活中绝对忠于这种关系。"这个观点可能正确，也可能错误，眼下当然没有充分的证据证明它正确。把它当作不容置疑的东西来传授，我们就抛弃了科学的态度，而且尽力在一个最重要的问题上禁止理性思考。只要这种教条主义在教师中间继续存在，就不可能指望他们的学生会在任何让他们感受强烈的问题上发挥理智。而理智的唯一替代品是暴力。

（选自《教育与美好生活》，1926 年出版）

美好的人生
是由爱所激励、
由知识所引导的人生。

第三部分

伦理与道德

好与坏

"好"与"坏"、"更好"与"更坏"这两组词,可能有确切的语词定义,也可能没有。不管什么情况,人们首先是按字面意思来理解的。让我们先试着来阐明它们的字面意思,将语词定义的问题留到以后再说。

如果一件事物出于其自身价值为人所珍视,而不仅仅是出于其具有的效果,我就会用"好"这个词来形容它。我们喝下苦药,是因为期待它能治好我们的病;而一位正患痛风的鉴酒师品尝陈年老酒,是因为酒的味道纯正,尽管它可能会给他带来不快的后果。苦药有益但不"好",老酒虽"好"但无益。

如果我们必须决定是否允许某种事态存在,我们当然得考虑它的影响。但这种事态以及它会产生的各种影响,都有其内在特质;不管我们如何选择,这种内在特质是决定性因素。如果我们倾向于选择这种内在特质，我就会将其称为"好的"；如果我们倾向于拒绝它，我就会将其称为"坏的"。

功利主义者坚持认为，快乐是唯一的好东西，痛苦是唯一的坏东西。这种观点可能会受到质疑，但不管怎样，按照我对"好"与"坏"的理解，大多数快乐是"好的"，大多数痛苦是"坏的"。对快乐和痛苦稍加探讨，将有助于阐明目的与手段之间的区别，弄清楚这种区别对我们的讨论非常重要。

我们习惯于认为，有些快乐是好的，有些快乐是不好的；我们认为，善意之举带来的快乐是好的，残忍之举带来的快乐是坏的。但我们这样判断是混淆了目的和手段。作为手段来看，残忍之举带来的快乐是坏的，因为它给受害者造成了痛苦；可是如果它并不关系到他人，或许它就并不是邪恶。我们谴责醉汉酗酒作乐，因为这会给他的妻子和家人带来痛苦，而且宿醉会让他头痛；但如果他喝的是既便宜又不会引起宿醉的酒类饮料，那他从中得到的快乐就是好的。

道德如此注重手段，以至于仅根据事物的内在价值来对其进行判断似乎是不道德的做法。但是很显然，任何事物仅作为手段是不具备价值的，只有当它想要达到的目的本身有价值它才有价值。由此可见，从逻辑上来说，事物的内在价值优先于它作为手段的价值。

手段和目的的问题具有重大的伦理意义。文明人和野蛮人、成人和孩子、人和动物之间的区别，主要在于他们给行为的目的与手段赋予的权重不同。文明人会给自己的人身投保，野蛮人却不会；成人会为了防止牙齿退化而刷牙，孩子没人逼着就不会刷牙；人们为了储粮过冬而勤耕不辍，动物则不会。人有远虑，会为了将来的快乐而去做不快乐的事，这是心智发育最重要的标志之一。

由于深谋远虑是一桩难事，它要求对冲动加以控制，所以道德家会着力强调它的必要性，他们更多地强调现在的牺牲是美德，而甚少强调今后的回报带来的快乐。你必须做对的事情，只因为它是对的，而不是因为它能带你上天堂。你必须存钱，因为所有明智的人都是这么做的，而不是因为你最终会得到能使你享受生活的确定收入。诸如此类。

可是，这种心态很容易让人走火入魔。一位年老的富商，因年轻时过于操心劳累而患有消化不良，当客人在宴席上开怀畅饮的时候，他只能在一旁吃不抹黄油的烤面包、喝白水，粗心的客人都未加留意。他在漫长的辛劳岁月里盼望着财富会给他带来快乐，如今他得到了财富，却得不到快乐，唯一剩下的乐趣就是动用自己财富的力量，迫使子女依次像他那样徒劳地服苦役。这样的情形看了不免让人惋惜。

在大多数时代的大多数文明国家，专注于手段而不是目的将婚姻关系变成了讨价还价的交易，而不是互相吸引的成果。

在对手段的专注达到极致的地方,所有的生活乐趣、所有的艺术享受和创造力,以及所有自发的情感都遭到扼杀。守财奴陷入对手段的病态迷恋,人们通常认为他们不明智;可是同样的病态如果情形稍轻,就往往会得到不应有的赞许。

缺乏必要的目的意识,生活会变得单调乏味,最终,对刺激的需求会找到更为糟糕的出口,人们会寻求战争、暴行、阴谋或其他毁灭性的活动,以满足自己的这种需求。

让我们花点时间,看一看专注手段在经济体系中是如何体现的。为了具体说明,让我们假设你关注拖拉机的生产。如果你从资本家的立场关注这个问题,那么生产拖拉机的唯一目的就是增加银行存款;如果你善于精打细算,那么你就不会肆意挥霍存款,而是用于投资,让存款增值。生产出来的拖拉机能否高效耕地对你来说无关紧要,只要它的质量不会给公司带来坏名声。老皮尔庞特·摩根在美国内战期间买进一批报废的老式步枪,把它们当作新枪卖给密西西比军团;他将这笔钱和类似的买卖所得用于支持法国,使法国在色当战役之后又无望地挣扎了一段时间。他的这种伦理观在当时极为盛行,所以他死时受到普遍尊重。同样道理,精于以次充好的拖拉机厂商,比看重产品质量并满足于微利的厂商会得到更多的尊重。

如果你是雇员,你会被失业的恐惧所困扰,因此会将工作当作目的本身,而不是当作生产的手段。任何能以较少劳动力生产出一定数量拖拉机的设备，都会激起你的敌意，因为它会给你带来失业的风险。在《创世记》里，工作是上帝的诅咒，是亚当所犯的罪使他的后代必须承担的惩罚；但在现代社会它似乎是一种恩赐，而且其数量绝不能减少。

如果你是拖拉机的买家，你几乎也会同样远离它的终极目的。拖拉机被用来生产食物，使人们有力气工作；他们工作是为了生产食物，使人们能够工作……如此循环往复，无穷无尽。要是有人从每个环节的内在价值来判断它的好坏，那么任何一个头脑健全的经济学家或者管理者都会觉得，这样的思考是轻浮的，而且无关紧要。

只专注于手段的现象并不限于工业生产领域。以数学教学为例。大学里的数学教育主要是针对将来要教数学的人，这些人又会将数学教给将来要教数学的人，这些人又……确实，有时候还是可以找到出路摆脱这种跑步机式的循环。如，阿基米德将数学用于杀死罗马人，伽利略将数学用于改进托斯卡纳大公的大炮，更为雄心勃勃的现代物理学家将数学用于灭绝人类。正是由于这个原因，数学研究才被广大公众推崇为一项值得国家支持的工作。

在苏联，显然这种功利主义心态和在其他地方一样流行。大约 20 年前，我见到的一位苏联数学教授告诉我，有一次他斗胆向班上的学生建议，不能只看重数学在改进机器方面的能力。

但他的话受到了全班学生怜悯的蔑视，他们认为这是资本主义意识形态的残余。

一旦我们不再只专注于手段，经济发展和整个人类生活就会呈现截然不同的面貌。我们将不再问：生产者生产出了什么，产品的消费又促使消费者生产出了什么？而是会问：消费者和生产者的生活中有什么事让他们开心地活着？他们的哪些感觉、哪些知识或者哪些行动能证明仁慈的造物主的确存在，并驳斥邪恶的巨匠造物主出于怨恨而创造世界这类异端邪说？他们体验过新知识的美妙吗？他们已经了解爱和友谊了吗？他们在阳光、春天和花香里欢欣鼓舞吗？他们是否感受到了普通群体用舞蹈和歌曲表达的生活乐趣？

有一次在洛杉矶，人们带我去参观墨西哥人聚居区，告诉我住在那里的都是无所事事的流浪汉。但在我看来，他们似乎比我的许多焦虑而勤劳的东道主更享受生活中的很多东西；在他们看来，这些东西使生活成为一种恩赐；而在我的东道主们看来，这些东西使生活成为一种诅咒。但在我试图向东道主们解释自己的观感时，只看到了茫然不解的表情。

不过，现在让我们结束这些离题的话，更密切地关注手头的问题。

我认为，显而易见，如果没有欲望，我们就绝不会想到好与坏的对立。我们会感到痛苦，希望消除它；我们会感到快乐，希望留住它。我们会对自由受到限制感到恼怒，会对畅行无阻感到高兴。缺衣少食无人爱的时候，我们会强烈渴望得到它们。如果我们对发生在自己身上的事无动于衷，我们就不会相信存在好与坏、对与错、可嘉与可憎的二元对立，就会不管好歹轻易认命。

一个没有生命存在的世界是不存在好坏之分的。由此推断，"好"的定义必须与欲望关联。我认为，如果某件事满足了欲望，它就是"好的"，或者更确切地说，我们可以把"好"定义为"欲望得到满足"。如果一件事比另一件事能满足更多的欲望，或能满足一种更强烈的愿望，那么它就比另一件事"更好"。我并不认为这是对"好"这个词可能做出的唯一定义，而只是认为，人们将这个定义作为行动指南的效果，比起任何其他在理论上站得住脚的定义的效果，将更符合大多数人类的道德情感。

我将"好"定义为"欲望得到满足"，这个定义就意味着，一个人欲望的满足，与另一个人欲望的满足是一样的好，只要这两个人的欲望同样强烈。由此可见，总体利益与人们在行动中追求的东西并不一致，因为每个人都在寻求自己欲望的满足，而这些欲望通常不同于他人的欲望。我说每个人都寻求自己欲望的满足，只不过是表明一个不言而喻的事实：我们所有的行动，除了那些纯粹的条件反射，都必然由我们自己的欲望所激发。这并不意味着我们的行动完全出于自我中心,因为我们的欲望并非完全基于自我中心。大多数人希望他们的孩子幸福,很多人希望他们的朋友幸福,一些人希望他们的同胞幸福,还有少数人希望全人类幸福。

人们购买人寿保险的行为,表明了普通人的愿望在多大程度上超出了他们自己的生活范围。不过,尽管我的愿望可能并不自私,但要能影响我的行为,这个愿望必须是我内心的愿望。

如果将"利益"定义为"欲望的满足",那么"我的利益"就可以定义为"我的欲望的满足"。因此从逻辑上来说,我在行动中总是追求我的利益。我的利益是总体利益的一部分,但不一定是在我的处境下所能达到的最大程度。

假设我是个小男孩,有人悄悄给我 12 块巧克力,而我的 11 个同伴一块也没得到。我有可能产生狭隘的欲望,就是一个人偷偷吃掉这 12 块巧克力。这样的话,每一块巧克力给我带来的满足感都会低于上一块,最后一块则几乎带来不了任何满足感。我也可能充满善意,给每个同伴一块巧克力,自己吃一块。在这种情况下,每块巧克力带来的满足感,都和第一种情况里第一块带来的满足感相同,总体满足感大于第一种情况里的总体满足感。因此,善意的男孩比自私的男孩带来了更多的利益。这说明了为什么一些欲望比其他欲望更能满足普遍利益。

有人可能会说,我们"应该"追求普遍利益,而不仅仅是我们自己的利益。我并不否认这个说法，但我坚持认为，这个说法还需要大量说明，其意思才能明确。这里的"应该"也许可以换成"正确的"，我们可以这样表述："正确的"行为就是促进普遍利益的行为。我愿意接受这个定义，但如果要赋予它实际意义，还需要辅之以诱导我做正确事情的方法说明。

除非我有这种欲望，否则在任何特定情况下我都不会做正确的行为；因此，问题就在于如何影响我的欲望。这个问题有多种解决办法。刑法可能促使我的利益和普遍利益达成部分一致；我可能渴望得到赞扬、害怕受到指责，从而促使我以一种值得称道的方式行事；我可能得到了英明的教育或幸运的遗传，具备慷慨的天性，从而自然渴望寻求他人的利益；我也可能像康德一样，因视正直为一种美德而生发出追求正直的冲动。所有这些都是诱导我做正确事情的途径，但它们都是通过影响我的欲望发挥作用的。

如果人类就什么是"正确"达成一致，我们就可以把"正确"作为伦理学的基本概念，将"利益"定义为：正确的行为所带来的结果。但我们已经看到，不同的社会在"什么是对什么是错"这个问题上分歧严重。

总体来说，这种分歧可以追溯到人们对行为会产生哪些影响持有不同的信仰，在存在道德禁忌的情况下尤其如此。至于行为的结果中哪些是可取的，人们的分歧要小得多。正是基于这个事实，用"利益"来定义"正确"，比用"正确"来定义"利益"更合适。

不过，"追求普遍利益是正确的"这个表述，除了可用来作为"正确的"这个词的语词定义外，还具有更多的意义，至少从它的隐含意义来说如此。它意味着，或暗示着，能促进普遍利益的行为就是那些会受到社会赞扬的行为；或者至少意味着或暗示着，如果促进普遍利益的行为受到社会赞扬，那么普遍利益会因而得到提升。它意味着或暗示着，其他所有人的行为都应该如此，以促进所有人的利益。它暗示着，在一个社会中，不管是通过法律还是赞扬或谴责，将社会压力用于诱导人们采取上述正确行动，而不是用于其他任何目的，那么这个社会就会获得更多利益，也就是说更多的欲望会得到满足。

出于这些原因，"正确的行为是提高普遍欲望满足感的行为"这个表述，其重要性超过了它的语词意义。

我们将"好"定义为"欲望得到满足"，可能有人会提出反对，理由是有些欲望是邪恶的，满足这些欲望是更大的邪恶。最明显的例子就是"残忍"。假设甲的欲望是让乙痛苦，并且成功地满足了这个欲望，可以将这种欲望的满足称为"好"吗？显然，总体结果并不好，我们的定义也没有暗示它是好的。乙的欲望并没有得到满足，那些对乙不怀敌意的正常人也未得到更多欲望的满足。甲的欲望得到满足成了其他人不满的根源；

而且甲想要乙痛苦也是大多数人不希望发生的事情，除非乙招致了整个群体的仇恨。

可是，如果我们单独来看待甲的欲望满足本身，它还是邪恶吗？比如，假设甲是精神病患者，对乙怀有疯狂的仇恨，但被关在精神病院里。人们或许会觉得，让甲相信乙正在受苦是可取的做法；而且总体来看，让他相信乙正在受苦，要胜过让他一想到乙正过着好日子就勃然大怒。只有在这种特殊情况下，违背普遍利益的欲望才能够在不涉及他人的情况下得到满足；而这个欲望得到满足的话，就为总体利益增添了适度的分量。因此我认为，没有理由将某些欲望的满足看成坏事，只要我们单独看待这些欲望本身，而不考虑随之而来的行动和后果。

但是，当我们将欲望当作手段来看待的时候，情况就会大不相同。两个人的欲望有些彼此相容，有些水火不容。如果一男一女渴望和对方结婚，那么两个人的欲望都可以获得满足；如果两个男人想娶同一个女人，那么至少有一个必定失望。如果两个合伙人都渴望公司兴旺发达，那么他们都可以实现自己的愿望；而如果两个竞争对手都希望比对方富有，那么其中一个的愿望必然落空。适用于两个人欲望的道理同样适用于一群人的欲望。借用莱布尼茨的说法，当许多欲望都能通过同一件事获得满足时，我将它们称为"可共存"；如果它们不可共存，我称它们为"不相容"。如果一个国家处于战时状态，全体国民对于胜利的渴望相互可共存,但和敌对国相反的欲望彼此不相容。那些彼此怀有善意的人的欲望可共存,而彼此怀有恶意的人的欲望不相容。

很显然,可共存的欲望比不相容的欲望会获得更多满足感。因此,根据我们对利益的定义,可共存的欲望更适合作为手段。顺理成章的结论就是,就手段而言,爱比恨好,合作比竞争好,和平比战争好,以此类推。(当然也有例外,我只是说这个结论在大多数情况下可能是正确的)这会催生出一种伦理规范,将欲望分为正确的和错误的两类,或者宽泛地分为好的和坏的。正确的欲望指那些和尽量多的其他欲望可共存的欲望,错误的欲望指那些只能通过阻碍他人的欲望来获得满足的欲望。不过这是个很大的主题,我会留到后面的章节再讨论。

(选自《伦理学和政治学中的人类社会》,出版于1954年)

道德规范

在每个团体，甚至包括海盗船的船员，都规定有必做的事和明令禁止的事，都有值得称道的事和会遭谴责的事。海盗必须在攻击时展现出勇气，在分配战利品时表现出公平；如果在这些方面做得不好，他就被认为不是"好"海盗。

如果一个人属于更大的社会群体，他的职责以及可能犯的罪过的范围就更大，相关的考量就更为复杂，但仍然有一种规范他必须遵守，以免遭到公众谴责。

的确，大多数行为被认为与道德无关，只要行为人不是奴隶或半奴隶。一个独立谋生的人可以想起就起，想睡就睡；可以想吃就吃，想喝就喝，只要不过分；可以想娶谁就娶谁，只要对方答应。但是，如果国家征召他入伍，他就必须服兵役；他还必须避免犯罪以及各种不受欢迎的行为。而无法独立谋生的人远没有那么大的自由。

不同时代与不同地方的道德规范差异之大，达到了令人难以置信的程度。阿兹特克人把在仪式上吃敌人的肉视为一项痛苦的职责，他们相信，若不用这种方式为国服务，太阳光就会熄灭。在荷兰政府剥夺婆罗洲的自决权以前，那里的男性只有攒够人头作彩礼才可以结婚，做不到的年轻男性会遭到鄙视，就像美国人鄙视"娘娘腔"一样。中国的儒家思想规定，双亲健在的男性如果拒绝俸禄丰厚的官职，就是不孝，因为他们本应用俸禄和补贴让双亲安享晚年。《汉谟拉比法典》规定，如果一位绅士的女儿在怀孕期间被人打死，应该让打人者的女儿抵命。犹太人法律规定，女子若通奸应以石刑处死。

鉴于道德规范的这种多样性，我们不能说哪种行为正确或哪种行为错误，除非先找到一种方法确定这些规范孰优孰劣。没有见过世面的人，会凭着本能冲动非常简单地解决这个问题：他自己所属群体的规范是正确的，其他群体的规范如果与它不一致，就应该予以谴责。如果一个人的规范被认为有着超自然的起源，他就特别容易坚持这一立场。这种信念，使在锡兰[1]的传教士敢于宣称在当地"只有人是邪恶的"，却无视在当地的英国棉花生产商的"邪恶"：这些厂商靠剥削童工大发横财，并且

---

1 今斯里兰卡。

支持传教士传道，希望当地"土著"能改穿棉布衣服。

不过，当很多彼此不同的规范都声称自己有着同样庄严的起源时，哲学家无法接受其中的任何一种，除非某个规范能得到某些论据支持而其他规范不能。

人们可能坚持认为，不管一个人所在团体的道德规范是什么，他都应该遵守。我倾向于承认这样做无可指责，不过我认为，如果他不这样照单全收，可能更值得赞赏。食人肉的现象曾经比比皆是，大多数情况下都与宗教有关。在历史上，这种现象不可能是自行消亡的，必定是有一些道德先锋坚持认为这是邪恶之举。《圣经》记载，撒母耳认为不把被打败的敌人的牛羊全部杀死就是邪恶，而扫罗反对这个主张，尽管他可能并非出于高贵的动机。最先提倡宗教宽容的人被认为是邪恶的，率先反对奴隶制的人也是如此。福音书提到耶稣反对为安息日设置更严苛的禁忌。

这些事例反映了一个不可否认的事实，即一些人们都认为值得高度赞赏的行动，都是在批判或违背自己所处团体的道德规范。当然，这个说法只适用于过去的时代或者外国人；这种情况不可能在我们自己身上发生，因为（我们认为）我们的道德规范已经完美无瑕。

按照一般估计，"正确"和"错误"这两个概念并不处在同一个层面；"错误"的概念更加原始，而且与"正确"这一概念相比，至今人们仍然更为强调它。为了成为"好"人，人们只需摒弃作恶，而根本不必采取任何积极的行动。不过，即使是在最消极的观点中，事实也并非全然如此。比如，如果不用冒太大风险，那么你必须去救溺水的儿童。但这并不是大多数传统道德家坚持的规范。摩西十诫里有八诫都是从否定的角度出发的。如果你一辈子不杀人、不偷盗、不奸淫、不作伪证、不亵渎上帝，不对父母、教会和国王不敬，那么人们通常会认为你的道德值得敬佩，哪怕你从没做过仁慈、慷慨或者有益的事。这种非常不恰当的美德观念是禁忌道德的产物，并已造成无法形容的危害。

传统道德过分关注避免"罪过"以及犯下"罪过"后的赎罪。这种观点尽管盛行于基督教伦理中，但它先于基督教出现；奥尔弗斯教徒就存在这个观念，柏拉图《理想国》开头部分也提及了它。教会教义中的"罪过"所指的某些特定行为，有些对社会有害，有些没有影响，有些有正面的好处（如在适当条件的保障下实施安乐死）。罪过会招致神的惩罚，除非虔诚忏悔；如果诚心悔过，就可以获得宽恕，即使罪过造成的危害已无法挽回。强烈的罪恶感，以及对堕入罪恶的深深恐惧，会使人们产生内省和自我中心的心态，从而阻碍自然情感的流露和视野的拓展，容易使人胆小怕事，表现出令人不快的谦卑。这样的心态不可能激发出最美的人生。

作为"错误"对立面的"正确",起初是一个与权力相关的概念,和那些不必非得服从的人的主动性有关。国王应该"行耶和华眼中看为正的事"。被赋予权力的所有政府部门、职业和相关岗位,都承担着某些同样的积极责任。士兵必须战斗,消防员必须冒生命危险到着火的房子里救人,救生船员必须冒着暴风雨出海,医生必须在传染病暴发时冒被传染的危险,父亲必须做一切合法的事抚养子女,诸如此类。

就这样,每种职业都形成了各自的道德规范;它们与普通公民的道德规范有所不同,总的来说更为积极。医生受希波克拉底誓言的约束,士兵受军纪军法的约束,牧师受很多其他人不必遵守的规则约束。国王的婚姻选择必须符合国家利益的要求,而不能由着自己的意愿。每个职业必须履行的积极义务,部分由法律规定,部分受到业内人士或公众意见的强制。

同一个社会有可能同时接受两种互相矛盾的伦理规范,最典型的就是基督教道德与荣誉准则的对立。基督教道德由教会教导灌输,而荣誉准则是在骑士时代形成的,而且今天仍未消亡。教会谴责杀人行为,除非是在战争中或遵循适当的法律程序;荣誉准则要求受辱的绅士随时做好决斗准备以报仇雪耻。教会谴责自杀行为,而一位德国海军司令如果在战斗中失去了战舰,人们会期待他谢罪自杀。教会谴责通奸,而荣誉准则尽管没有明确规定,还是会促使人们仰慕情场高手,如果他征服的女性出身高贵，则更会如此；而如果他在公平决斗中杀死贵妇的丈夫，人们的仰慕之情更添三分。

当然，荣誉准则只对"绅士"有约束力，部分仅对他们和其他"绅士"打交道时有约束力。但它在适用的情形下是绝对必要的，并且要不惜一切代价毫不犹豫地遵守。高乃依的剧作《熙德》描述了这种荒诞不经的准则。主角唐·罗狄克的父亲遭到了其女友施梅娜父亲的侮辱，可他年老力衰不能亲自决斗；按照荣誉准则，唐·罗狄克必须替父亲决斗，尽管这意味着会给他的爱情带来灾难。在一段郑重的独白之后，他终于做出决定："干吧，我的手，既然说什么也得保全名誉，到头来总要失去施梅娜。"

尽管在今天看来显得堕落与可笑，但是托马斯·穆尔第一次和拜伦打交道的时候也遵循了同样的准则。穆尔首先向拜伦发起决斗挑战，但在事情发展到箭在弦上的紧要关头之前，他又写了一封信给拜伦，说他想到了妻儿，想到他如果死了，他们会变得穷困潦倒。他在信里建议双方放弃决斗，成为朋友。已无性命之虞的拜伦自然担心人们质疑他不够绅士，花了很长时间才接受穆尔的道歉，并在回信中吹嘘自己脾气火暴、不好惹。不过最终两人愉快地达成一致，拜伦让穆尔给他写传记，而不是葬送他的性命。

尽管荣誉准则的表现形式往往荒唐可笑，有时甚至是悲剧性的，但对个人荣誉重要性的信念还是具有重要的价值，它的衰败也并非全是好事。荣誉准则包含了勇气和诚实，不愿背信弃义，对弱者表现出骑士精神而不会因此沦为社会下层。如果你夜里醒来发现房子着火，那么显然你有责任尽可能地先叫醒睡着的人，再行自救。这是荣誉准则规定的义务。如果你丢下他们，任其听天由命，理由是你是肩负重任的公民而他们是无名小卒，你就不会受人尊重；尽管在某些情况下，这样的辩护理由有一定的效力——比如你是1940年的温斯顿·丘吉尔。

荣誉准则禁止的另一件事是屈从于非正义的权势，如向入侵之敌卑躬屈膝。在更小的方面，泄露秘密和偷看别人的信件被认为是不光彩的行为。一旦荣誉的观念摆脱贵族的傲慢和暴力倾向，其中的一些东西仍然有助于维护个人尊严，能在社会关系中促进相互信任。我不希望骑士时代的这份遗产被全世界遗忘。

（选自《伦理学和政治学中的人类社会》，出版于1954年）

道德准则

对道德的实际需求源于欲望的冲突，无论是不同人不同欲望之间的冲突，还是同一个人的欲望在不同时间甚至同一时间的冲突。一个人想喝酒，但也想第二天早上能好好工作。我们认为，如果他做出的选择带来的总体欲望满足感较小，他就是不道德的。我们认为奢侈无度或鲁莽成性的人不好，哪怕他们只伤害了自己。

边沁认为，整个道德都可以从"开明的自利"中衍生出来，一个总是以获得最大满足感为长远目标，并据此行动的人总是会正确行事。我不接受这种观点。历史上有暴君从观看酷刑中获得极大的乐趣；有些人出于谨慎饶受害者一命，为的是让其他日遭受更多的痛苦，我不会赞扬这样的人。

然而，在其他条件相同的情况下，谨慎的品质是美好生活的一部分。就连鲁滨孙·克鲁索也曾发挥勤勉、自控和深谋远虑的品质；这些品质必然被视为合乎道德，因为它们使克鲁索在不损害他人的情况下增加了自己的总体满足感。培养儿童的谨慎品质非常重要，因为他们很少会考虑未来。如果他们长大后能更多地践行这个品质，世界将很快变成天堂，因为它足以防止战争——战争是激情驱使下的行为，而不是理性权衡的结果。

不过，尽管谨慎很重要，它还并不是道德中最有趣的部分。它也不是道德中引发智力思考的部分，因为它不需要诉诸任何超越自身利益的东西。

道德准则中除谨慎以外的部分，本质上类似于法律或俱乐部的规则。这是一种使人们在欲望可能发生冲突的情况下，仍然能维持其在一个团体中共同生活的方法。有两种截然不同的方式可以达到这个目标。一种是刑罚方式，其目的仅仅是，通过对挫败他人欲望的特定行为赋以不愉快的后果，以达到外部和谐。这也是社会批评的方法：人们将社会非议视为一种惩罚；为了免遭非议，大多数人会小心行事，以免被认为违反社会准则。

但另一种方法更为根本，效果也更令人满意。这就是塑造人们的性格和欲望，使一个人欲望的满足尽可能与另一个人欲望的满足不相矛盾，从而最大限度地降低冲突的可能性。这就是为什么说爱比恨好,因为它使有关各方的欲望和谐一致而不是彼此冲突。两个相爱的人要么一起成功,要么一起失败;但当两个人互相憎恨时,一个人的成功必定是另一个人的失败。

我们说"美好的人生是由爱所激励、由知识所引导的人生",如果这个说法是正确的,那么很明显,任何社会的道德准则都非终极准则,也无法自立自足,而必须加以审查,以确定是否符合智慧和仁爱的标准。

阿兹特克人认为吃人肉是他们的痛苦职责,因为他们害怕不如此的话,太阳会熄灭。他们犯了一个科学错误;但凡他们对被当作祭品的受害者存有一点爱心,也许就会意识到这个错误。一些部落将10岁至17岁的女孩禁闭在暗室中,担心阳光会使她们怀孕。但我们能肯定现代的道德准则中没有类似这些野蛮行为的东西吗?我们能肯定这些准则只禁止真正有害的东西,或者至少是正派人都不会支持的可恶的东西?我不太确定。

当前的道德观是功利主义和迷信的奇怪结合,但迷信的影响更大;这是自然的事,因为迷信是道德准则的起源。最初,人们认为某些行为会令众神不快,因此用法律加以禁止,因为众神不仅会将怒火发泄到有罪过的人身上,还往往发泄到他所属的群体。"罪过"的概念也由此而来,指任何让上帝不喜欢的事。难以解释为什么某些行为会如此令上帝不快,如用母山羊的奶煮山羊羔[1]，但据《启示录》记载，情况确实如此。有时神的指令被人们加以奇怪的解释。例如，神告诉我们周六不能工作，而新教徒认为这意味着我们周日不能玩。但新禁令和旧禁令都被认为出自同一个神圣权威。

很明显，一个有科学人生观的人不能让自己被经文或教会的教导吓倒。他不会满足于说"好吧，某某行为是有罪的，讨论到此为止"。他会探究这个行为是否有危害性，或者转而探究将这种行为视为有罪的信念本身是否有危害性。他会发现，我们当前的道德观，特别是在性问题上，包含了大量源自纯粹迷信的信条。他还会发现，这种迷信就像阿兹特克人的迷信一样，导致了无谓的残忍；如果人们善待自己的邻居，这种迷信就可以扫除。

但传统道德的捍卫者鲜有心地善良之辈，这可以从教会显要对军国主义的热爱中看出来。人们不得不这样认为，这些人重视道德，更多是看中它的一个功效，就是能为他们给人制造痛苦的欲望提供合法的途径；有罪过的人就是他们打击的对象，所以，让宽容滚蛋吧！

让我们追踪一个人的一生，看看从卵子受精到人死亡的过程中，迷信的道德观会在哪些时间节点上带来本可避免的痛苦。

---

1 《旧约·出埃及记》："不可用山羊羔母的奶煮山羊羔。"

我会从受孕谈起，因为在这个环节，迷信的影响特别值得注意。

如果孩子是私生子，就会背上最不该有的污名。如果父母任何一方患有性病，可能会遗传给孩子。如果家里孩子太多，入不敷出，就会导致贫困、食不果腹、住房拥挤，还很可能发生乱伦。然而，绝大多数道德家都赞成，最好不让父母知道如何通过避孕来防止这些悲剧发生。

为了取悦这些道德家，数百万本不该来到世上的人一生遭受折磨，只是由于人们认为，不是出于繁衍后代的欲望而发生的性行为是邪恶的，有这种欲望就不算邪恶，哪怕后代必然会遭遇不幸。突然被人杀死并被吃掉，这是遭阿兹特克人所害之人的命运；但比起在悲惨环境中出生并染上性病的孩子，这种命运的痛苦要小得多。而后一种更大的痛苦是主教和政治家以道德的名义故意酿成的。只要他们对孩子怀有一点点的爱或怜悯，他们就不可能遵守这种残忍的道德准则。

普通家庭的婴儿在出生时和出生初期，更多受到经济因素而非迷信的影响。家境富裕的女性有孩子后，会配备最好的医生、最好的护士和最好的饮食，得到最好的休息和最好的锻炼。但工薪阶层的女性无法享受这些条件，她们的孩子常因缺乏这方面的有利条件而死亡。公共部门在照顾孕妇和产妇方面尽管做了一点点事情，但非常不情愿。为了节省开支，他们削减给哺乳期母亲的牛奶供应，与此同时却花巨资为行人稀少的富人区铺设道路。他们必须知道，在做出这个决定的时候，他们等于在向相当多工薪阶层的儿童宣判死刑，罪名就是贫困。然而，执政党往往会得到绝大多数神职人员的支持，后者在教皇的领导下，承诺在世界范围内动用迷信的巨大力量来支持社会不公。

在一个人受教育的各个阶段，迷信的影响都是灾难性的。一部分儿童有思考的习惯，迷信让教育的目的之一变成了纠正他们的这种习惯。不合时宜的问题会被要求噤声或招致惩罚。集体情绪受到操纵被灌输某种信仰，尤其是民族主义信仰。资本家、军国主义者和教会人士在教育方面进行合作，因为他们的力量都依靠煽动公众情绪和扼杀批判性判断。在人类天性的帮助下，教育成功地强化了普通人身上感情用事、不喜欢理性判断的倾向。

迷信破坏教育的另一种方式，是用自己的力量来影响对教师的选择。出于经济方面考虑，女教师必须未婚；出于道德方面考虑，她不得有婚外性关系。然而，每一个费心研究过病态心理学的人都知道，过久保持童贞状态通常对女性极其有害，所以一个理智的社会应强烈反对教师保持这种状态。种种限制导致越来越多精力旺盛、有进取心的女性拒绝从事教师职业。这都是长期迷信禁欲主义的结果。

在中产阶级和上层阶级的学校，情况甚至更为恶劣。学校设立了礼拜仪式，道德管理由牧师负责。牧师担任道德导师，几乎必然在两方面失败。他们会谴责无伤道德的行为，却会宽恕造成巨大伤害的行为。他们都谴责彼此相爱但不确定是否要厮守终生的未婚男女发生性关系。他们大多数人都谴责节育。但对一个让妻子频频怀孕并因此送命的丈夫，他们却没人会谴责他的残忍。我认识一位时髦的牧师，他的妻子在九年内生了九个孩子。医生告诉他，如果他妻子再生孩子就会死。第二年他妻子又生了孩子，果然因此丧命。没有人谴责他，他保住了自己的神职并且再婚了。只要牧师们继续纵容残暴，谴责无害的快乐，由他们来守护年轻人的道德只会有害无益。

迷信对教育的另一个不良影响，是它造成性教育的缺失。性方面主要的生理学知识，应该在青春期前简单自然地传授，因为这个时期的孩子不会对这些知识感到兴奋。在青春期，不掺杂迷信的性道德要素应该纳入教学内容。应该让男孩和女孩都了解，出于双方意愿以外的任何性行为都是不正当的。但这与教会的教义背道而驰。教会认为，结了婚的男子如果想要再生孩子，无论妻子多么不情愿，他强制与其发生性关系都是正当的。

应该教育男孩和女孩尊重彼此的自由；应该让他们感到，没有什么能赋予一个人凌驾于另一个人之上的权利；也让他们感到，嫉妒和占有欲会扼杀爱。应该让他们了解，把一个新生命带到世上来是一件非常严肃的事情；只有在合理地预计到孩子会得到健康、良好的环境和父母照顾的情况下，才能着手生孩子。他们也应该接受节育方法的教育，以确保只在想生孩子的时候才生孩子。最后，应该教育他们了解性病的危险以及防治方法。这些方面的性教育，可望对人类幸福带来无法估量的提升。

应当认识到，在没有孩子的情况下，性关系纯属私人事务；大到国家，小到邻居，都与此无关。目前，某些不以生孩子为目的的性行为会受到刑法处置，这纯粹是出于迷信，因为除了直接相关方之外，任何人都没有受到影响。在涉及孩子时，认为给离婚制造重重障碍符合孩子利益，这个观点是错误的。酗酒成瘾、残忍和精神错乱足以作为离婚的理由；在这些情形下，不管是对于妻子或丈夫的利益，还是对于孩子的利益，离婚都是必要的。现在人们对通奸行为的过分重视是相当不合理的。很明显，许多形式的不端行为对婚姻幸福带来的威胁，要比偶尔的不忠带来的威胁更为致命。男性坚持让妻子一年生一个孩子，这虽然通常不会被视为不当行为或虐待，却是所有威胁中最为致命的。

道德准则不应该阻碍人获取本能的快乐。不过，在一个性别比例严重失调的社会实行严格的一夫一妻制，必然造成这个实际结果。在这种情况下，当然会有人去违反道德准则。如果遵守这些规则会极大降低社会的幸福感，如果违反规则比遵守规则能带来更大的利益，那么毫无疑问该改变这些规则了。不然的话，许多按照不违背公共利益的原则行事的人，将面临本不该有的选择，要么虚伪行事，要么遭受诽谤。教会倒是不介意人们虚伪行事，那正迎合了它的权力；但在其他地方，虚伪被认为是一种我们不应该轻易践行的邪恶。

比神学迷信更有害的，是民族主义迷信，即盲目相信只对自己国家负有责任，对其他国家没有任何责任可言。但我不打算在这里讨论这个问题，只想指出，将自己的责任只限于针对同胞，违反了爱的原则，而我们认为这个原则是美好生活的构成部分。当然，这也与开明的自利背道而驰，因为排他性的民族主义甚至对战胜国也没有好处。

神学中"罪过"的概念给我们社会带来的另一个不良影响，体现在对待罪犯的态度上。认为罪犯"邪恶"，他们受到惩罚是"罪有应得"，这个看法并不能得到理性的道德观支持。毫无疑问，某些人会做社会希望阻止、也理应尽可能阻止的事情。我们可举谋杀这个最简单的例子。显然，如果一个社会要团结一致，我们要享受其乐趣和好处，就不能允许人们互相残杀，不管他们何时会产生这个冲动。但这个问题应该以纯粹的科学精神来对待。我们应该直截了当地问自己：阻止谋杀的最佳方法是什么？

如果有两种有效预防和阻止的方法，应该首选对杀人犯伤害最小的。就像患者不得不承受外科手术的痛苦一样，杀人犯遭受的伤害完全令人遗憾。这种伤害可能也同样是必要的，但并不应当成取乐的素材。这种被称为"道德义愤"的报复情绪仅仅是残忍的表现。报复性惩罚的观念永远不足以成为对罪犯进行折磨的理由。如果教育与仁慈相结合的方法与惩罚同样有效，那么它应该作为首选；而如果它比惩罚更有效，就更应成为首选。

当然，预防犯罪和惩罚犯罪是两个不同的问题，给罪犯造成痛苦想必是出于威慑的目的。假如监狱十分人性化，囚犯可以免费接受良好的教育，那么人们可能会为了进监狱而故意去犯罪。毫无疑问，监狱一定不如人身自由那么令人愉快，但确保这一结果的最佳方式是让自由比现在更令人愉快。不过，我并不打算探讨刑事改革的问题。我只想建议，我们应该像对待染上瘟疫的人那样对待罪犯。两者都是公众面临的威胁，两者的自由都必须受到限制，直到他们不再危险为止。但是，患瘟疫的人成为人们同情和惋惜的对象，而罪犯成为人们诅咒的对象，这是很不合理的。正是由于这种态度的差异，我们的监狱在治疗犯罪倾向方面，远不如我们的医院在治疗疾病方面那样成功。

（选自《伦理学和政治学中的人类社会》，出版于1954年）

美好的人生

不同的时代与不同的人，对美好人生有着不同的理解。某些方面的分歧，也就是围绕实现既定目标的手段与方法所产生的分歧，可以通过辩论来解决。有些人认为监狱是预防犯罪的好办法，另一些人认为教育的预防效果更佳。这类分歧可以借助充分的证据来解决。

但有些分歧无法用这种方式解决。托尔斯泰谴责一切战争；另一些人则坚持认为，士兵冒着生命危险为正义而战是高贵之举。这里可能涉及一个重大分歧，即目的上的分歧。赞扬士兵的人通常会认为惩罚罪人本身就是好事，托尔斯泰则不这么认为。在这样的问题上，任何辩论都无济于事。所以，我无法证明我对美好人生的观点是正确的；我只能陈述我的观点，并希望得到尽可能多的人的同意。我的观点是：美好的人生是由爱所激励、由知识所引导的人生。

知识和爱都可以无限拓展，因此，无论现在的人生多么美好，都还可以憧憬更美好的人生。没有知识的爱，或没有爱的知识，都不能创造美好的人生。在中世纪，当一个国家发现瘟疫时，圣人会建议大家去教堂祈祷获得拯救；结果是，感染在拥挤的祈祷人群中以惊人的速度传播。这是无知的爱的例子。最近的这场战争则是有知识但没有爱的例子。在每种情况下，结果都是大规模的死亡。

虽然爱和知识都是必要的，但从某种意义上说，爱是美好人生更根本的条件，因为它会引导聪明的人去寻求知识，以造福他们所爱的人。但是，如果人们不聪明，他们会满足于相信所听到的，可能会怀着最真诚的善意给人造成伤害。医学也许可作为最好的例子来阐明我的意思。能干的医生比最忠实的朋友给予患者的帮助更大，而医学知识的进步对公共健康的贡献大于无知的慈善事业的贡献。不过，除了富人以外，任何人要从科学发现中获益，仁爱这个元素也必不可少。

"爱"这个词涵盖了很多不同的情感；我有意使用"爱"，就是希望将这些情感全部包括在内。我这里说的"爱"是一种情感之爱，因为"出于原则"的爱在我看来并不真实。"爱"会在两极之间移动：一端是纯粹的沉思之乐，另一端是纯粹的仁爱。对无生命物体，我们的爱只是一种沉思之乐；我们无法对风景或奏鸣曲产生仁爱之情。这种享受可能是艺术的源泉。一般来说，幼儿从中得到的享受要比成年人更强烈，因为成年人往往以功利的眼光来看待无生命物体，它极大地影响到我们对人类的情感。当我们只是把人类视为纯粹的审美对象时，有些人就显得魅力十足，另一些则恰恰相反。

"爱"的另一极端是纯粹的仁爱。有些人为了帮助麻风病人牺牲了自己的生命；在这种情况下，他们感受到的爱不可能包含任何审美愉悦的元素。通常，父母之爱会伴有对孩子外貌的愉悦之情，但在这种愉悦之情完全缺失的情况下，他们的爱依然强烈。把母亲对生病孩子的关心称为"仁爱"似乎有些奇怪，因为我们习惯用这个词来形容一种充满了谎言的苍白情感。但我们很难找到别的词来描述这种对他人幸福的渴望。

事实上，在父母对孩子的情感中，这种渴望的强度可以达到无穷大。在父母之爱以外的情感中，这种渴望的强度要小得多。事实上，所有利他情感似乎都是父母之爱的外溢表现，有时甚至是父母之爱的升华。因为找不到更好的词来加以描述，我将这种情感称为"仁爱"。

但我想明确指出的是，我这里所说的"仁爱"是一种情感，而不是一种原则；这个词有时会隐含某种优越感，不过我所指的"仁爱"并不包含优越感。"同情"一词可以部分表达我的意思，但它遗漏了我希望包含在内的一个元素——行动。

最充分的爱是愉悦和祝福这两种元素不可分割的结合体。孩子既漂亮又成功，那么父母的快乐就同时包含这两个元素；理想的性爱也是如此。但只有在稳固可靠的性爱里，仁爱才会存在，因为不稳固的性爱会被嫉妒摧毁，尽管它可能同时带来更多的欣赏乐趣。不包含祝福的愉悦感可能是残酷的，不包含愉悦感的祝福很容易变得冷酷和居高临下。渴求爱的人希望得到的爱同时包含这两种元素，除非他们处于极度虚弱的情况下，如仍在婴儿期或患有严重疾病。在这些情况下，仁爱可能是他们的全部所求。相反，在极端强壮的情况下，人们对赞赏的渴求超过了对仁爱的渴望：这正是当权者和名媛的心态。

我们对别人好意的渴求程度，往往与我们需要别人帮助的程度或感到受别人威胁的程度相对应。至少，这样做看起来符合这些情形的生物学逻辑，但它并不完全适用于人生。我们渴望感情，是为了摆脱孤独感，是为了我们所说的"被人理解"。这个问题涉及同理心，而不仅仅是仁爱。一个人若想要他对我们的情感令我们感到满意，那么他不能只是祝福我们，还要知道我们所求的幸福是什么。但这个问题涉及美好人生的另一个要素——知识。

在一个完美的世界里，每一个有知觉的生命都是彼此最充分的爱的对象；在这种爱里，愉悦、仁爱和相互理解交织在一起，密不可分。但这并不意味着，在这个现实世界中，我们应该努力对我们遇到的所有有知觉的生物都抱有这样的感觉。有许多生物让我们无法感受到愉悦,因为它们令人厌恶;如果我们为了从这些可恶的生物身上看到美,而试图刻意扭曲自己的天性,只会淡化我们对自然美的感受。大自然里除了人类,还有跳蚤、臭虫和虱子等。我们必须像柯勒律治笔下那位老水手[1]一样被压得喘不过气,才能体会到欣赏这些生物的愉悦。诚然,有些圣徒称这些可恶的生物为"上帝的珍珠",但令这些人愉悦的,不过是能借此显示自己的圣洁罢了。

仁爱比知识更容易拓展,但它自身也有限度。如果一个男人想娶一位女士但发现另外一个人也想娶她,我们不应该因为他选择退出就高看他一眼,我们应该将这个事情看作是公平竞争范围内的事。他对竞争对手的情感不应该是全然的仁爱。我认为,对于人世间各种美好的人生,我们必须假定,它们需要以某些动物生命力和动物本能为基础;没有这些基础,人生就会变得平淡乏味。文明应该作为这个基础的补充,而不是替代;禁欲的圣徒和脱俗的智者在这方面都称不上是完整的人。一个社会存在少量这样的人,会变得丰富多彩,但若全世界都是这样的人,这个世界会无聊致死。

---

[1] "老水手"典故出自19世纪英国浪漫主义诗人塞缪尔·泰勒·柯勒律治的长诗《古舟子咏》。该诗讲述一位老水手出海时因无意间杀死一只信天翁,而遭受种种厄运,最终领悟到上帝对万物的爱。

对这些方面的考虑，会促使我们在一定程度上强调"愉悦"这个元素在最好的爱里所能发挥的作用。在现实世界中，愉悦必然具有选择性，它阻止我们对整个人类都怀有同样的感觉。当愉悦和仁爱之间发生冲突时，通常必须通过妥协来解决，而不是完全放弃其中的某一项。本能有它的权利，如果我们对它的侵犯超过了临界点，它就会以微妙的方式进行报复。因此，在追求美好人生时，必须牢记人类可能性的极限。至此，我们又被带回到关于知识必要性的话题上。

我说知识是美好人生的组成部分时，指的不是合乎道德的知识，而是科学知识和对特定事实的知识。严格地说，我认为压根儿就不存在"合乎道德的知识"这个说法。如果我们渴望达到某种目的，知识可能会为我们揭示出达到目的的手段，因此这种知识可能会勉强被泛泛地视为是道德的。但我认为，如果不参考行为的后果，我们无法断定行为的对错。给定一个要实现的目标，探索如何实现目标属于科学要解决的问题。所有的道德准则，都必须通过它们能否实现我们所渴望的目标来加以检验。我说的是我们渴望的目标，而不是我们"应该"渴望的目标。我们"应该"渴望的只不过是别人希望我们渴望的。通常，这是居于权威地位的人——家长、校长、警察和法官——希望我们渴望的。如果你对我说"你应该这样这样做"，这番话中能激发我行动的力量，在于我渴望获得你的认同——

可能加上你的认同或不认同附带的奖惩。由于所有行为都源于欲望,很明显,道德观念除了能影响欲望之外,自身并没有任何意义。

道德观念通过激起人们对认同的渴望和对不认同的恐惧来影响人们的行动。这些都是强大的社会力量;如果我们希望实现任何社会目标,我们自然会努力争取这些力量的支持。我说过,行为的道德性要根据其可能的后果来判断。我的意思是,我希望看到,人们会对有助于实现我们所期望的社会目标的行为予以认可,而对相反的行为不予认可。但我们目前还没有做到这一点;人们仍按照某些传统准则来衡量是否对行为予以认可,而完全不考虑行为的后果。

通过一些简单的例子,就可以明显看出理论伦理学的多余。例如,假设你的孩子生病了,爱的情感让你希望孩子的病能治好,而科学会告诉你如何去做。这其中并不存在一个名为"道德理论"的中间阶段,用以证明你的孩子最好是能治愈。你的行为直接源于对目的的渴望,以及对手段的了解。这同样适用于所有行为,无论是好是坏。目的各有不同,知识在某些情况下比在其他情况下更充分。但无法想象有一种办法可以让人们去做他们不想做的事情。可能的方法是通过奖惩制度来改变他们的欲望;在这些奖惩措施中,社会的认可和反对并不是效果最差的。因此,有立法权的道德家所面临的问题是:

怎样才能确保这种奖惩制度最大限度满足立法当局的期望？如果我说立法当局有坏的愿望，我的意思仅仅是说，它的愿望与我所属的某个群体的愿望相冲突。在人类欲望之外，不存在道德标准。

因此，将伦理与科学区分开来的并不是任何特定的知识，而只是欲望。伦理中所需的知识与其他方面所需的知识完全相同；伦理的独特之处在于，某些目的是可取的，有助于实现这些目的的行为是正确的。当然，如果正确行为的定义要获得广泛认同，其目的就必须是满足大部分人的愿望。如果我把正确的行为定义为增加自己收入的行为，读者肯定会不同意。任何伦理观的总体效果都取决于其科学部分，也就是在于它能否证明，某种行为而不是其他行为可以用来作为实现广泛期望的目的的手段。不过，我会对道德观与道德教育加以区分。后者旨在强化某些欲望而弱化其他欲望。这是一个完全不同的过程。

我们现在可以更准确地解释本章开头"美好的人生"定义的主旨。我说美好的人生在于由知识引导下的爱，这样说的动机在于，我渴望尽可能获得这样的人生，并渴望看到其他人也获得这样的人生。这个表述的内在逻辑是，如果一个社会里的人都以这种方式生活，那么这个社会就会比一个缺乏爱或知识的社会能满足更多的欲望。但我并不是说这样的人生是"有道德的"，或者它的对立面是"罪恶的"，因为在我看来，这些概念并没有科学依据。

（选自《伦理学和政治学中的人类社会》，出版于1954年）

在中国,
公众舆论一旦煽动起来,
就成了一股非常强大的力量。

第四部分

东西方文化比较

中国人的性格

西方人有这么一个看法：中国人难以捉摸，脑子装满了各种神秘的想法，我们无法理解。如果我在中国有过更多生活体验的话，或许也会这样想。但我在中国工作的这段时期，没有发现任何支持这种看法的东西。我用跟英国人交谈的方式与中国人交谈，他们也像英国人回答受过教育、有头脑的中国人一样回答我。我不相信"狡猾的东方人"这种神话。我坚信，如果玩一场互相欺骗的游戏，英国人或美国人十有八九会赢中国人。但是当许多相对贫穷的中国人与富裕的白人在中国做生意时，它就成了一方欺骗另一方的游戏；毫无疑问，受骗上当的是白人。不过，这与中国官员在伦敦也会受骗上当没有什么两样。

中国人最显著的一个方面是他们博取外国人欢心的能力。

不论是到中国旅游还是在中国生活多年的欧洲人，几乎都喜欢中国。尽管英国与日本结成了同盟，但我想不起哪个在远东的英国人会像喜欢中国人那样喜欢日本人。那些在中国人中长期生活的欧洲人，往往会吸取他们的观念和行为准则。初来乍到的人会对那里显而易见的弊端感到震惊：成群的乞丐、可怕的贫穷、肆虐的疾病、动荡的社会和腐败的政治。每个劲头十足的西方人起初都会产生消除这些弊端的强烈愿望，当然这些弊端本来也应该去除。

但是，中国人对这些外国人的激情表现出极大的消极冷漠和无动于衷；甚至那些深受本可避免的弊端之害的人也是如此。他们等待这些弊端像苏打水的泡沫破裂一样自行消失。慢慢地，一丝丝陌生的疑虑渗入这些困惑不解的外国人头脑里；在愤恨之情过去之后，他们开始怀疑起自己原来一直深信不疑的信条。时刻提防不幸降临是不是一种真正的明智？总想着将来可能到来的灾难而放弃现在的快乐是不是真正的谨慎？花时间建一座我们可能永远也没有闲暇居住的公寓，而任由我们的生命匆匆而逝，是否值当？

中国人对这些问题的回答是否定的，因此必须忍受贫困、疾病和混乱。但是，作为对忍受这些弊端的补偿，他们保留了工业化国家未能保留下来的一个能力，就是享受文明的娱乐、享受闲暇与笑声、享受晒太阳和阅读哲学著作的乐趣。各阶层的中国人,都比我所知道的任何种族更喜欢逗笑。他们在每一件事情上都能找到乐子,而且总是用笑话来缓和争端。

我记得一个热天,我们一行人坐在轿子里,准备翻越几个山丘。山路崎岖陡峭,轿夫十分辛苦。到了山顶,我们停了下来,让他们休息十分钟。他们立即坐成一排,掏出烟斗,开始有说有笑,似乎对世界上的一切都不在意。如果是在其他任何一个具有深谋远虑的美德的国家,他们就会利用这个时间抱怨酷热难当,以得到更多小费。作为欧洲人,我们坐轿子的会用这个时间担心汽车是否会在正确的地点等我们。而如果坐轿子的是有钱的中国人,他们会用这个时间来讨论宇宙运行的轨迹究竟是圆形还是直线,或者讨论道德圣人应该完全自我克制,还是偶尔可以考虑自己的利益。

有时我们会遇到一些误以为中国不是一个文明国家的白人。这些人完全忘记了构成文明的要素。北京还没有有轨电车,电灯也昏暗无光,这是事实;中国有许多风景美不胜收的地方,而心痒难耐的欧洲人为了挖煤将美景糟蹋得丑陋不堪,这也是事实;受过教育的中国人更善于写诗作赋,而不善于记住可以在《惠特克年鉴》[1]里查到的资料,这也是事实。在向人推荐住

---

[1] 由英国出版家约瑟夫·惠特克于1868年创刊,被誉为英国最好的年鉴和一部微型百科全书。

宿的地方时，欧洲人会告诉你，他推荐的地方坐火车方便；欧洲人认为，一个地方的最佳品质就是来往便利。但中国人却会对火车只字不提，即使你问起，他也会答错。他会告诉你，那里有一座古代皇帝建的宫殿；湖中有一个唐代著名诗人建的亭子，供疲于世事的学者憩息。正是这种看事情的角度让西方人觉得中国人没有开化。

无论高低贵贱，中国人都有一种沉静的尊严；这种尊严甚至不会被欧洲教育破坏。不管是从个人还是从整个民族来看，中国人都不喜欢自吹自擂；他们强烈的自尊不允许他们自吹自擂。他们承认中国军事实力不如外国列强，但认为杀人效率高不是一个人或一个国家最重要的品质。

我认为，在内心深处，中国人几乎都认为中国是世界上最伟大的国家，拥有最优秀的文明。不能指望一个西方人会接受这个观点，因为中国有着与西方截然不同的传统。但渐渐地，人们开始觉得这个观点不管怎么说都不能算是荒谬。事实上，它是一套自洽的价值观标准带来的合理结果。典型的西方人希望尽可能多地促进他周围环境的变化，典型的中国人则希望尽情享受环境，并尽可能雅致地去享受。这种差异是造成中国与英语世界大部分差异的根本原因。

我们西方人迷恋"进步"，但"进步"不过是我们的道德伪装，用来掩盖我们希望自己成为变革推动者的企图。如果有人问我们，机器是否真正改善了世界？我们会觉得这个问题愚不可及：机器确实给世界带来了极大的变化，并因此使世界取得了巨大的"进步"。我们相信自己热爱进步，但实际上这种热爱十有八九是对权力的热爱，我们享受那种发号施令改变世界的感觉。为了追求这种乐趣，一个美国青年会拼命工作，以至于成为百万富翁时，却成了消化不良的受害者，不得不靠烤面包和白开水为生，在款待宾客的盛宴上只能当看客。但他会用这样的想法来安慰自己，那就是他能控制政治，按照自己投资的需要挑起战争或阻止战争。正是这种气质造就了西方民族的"进取心"。

当然，中国不乏胸怀大志之士，只是不像西方那样随处可见。他们的抱负也有不同的体现；并不是说体现得比欧洲人更好，而是体现为他们更追求享乐，而欧洲人更追求权力。这种偏好的自然结果，就是中国人普遍贪求钱财。金钱为享乐提供了条件，因此成为人们的强烈渴求。对我们来说，人们渴求金钱，主要是由于把它看成获取权力的手段；用不着太多钱就能攫取权力的政客，常常心安理得继续过贫穷的生活。在中国，各地的督军（地方军事长官）掌握实权，几乎总是将敛财作为权力的唯一目的。他们盘算着时机合适就逃往日本，掠夺来的钱财足够他们安度余生。他们会因逃跑而失去权力，但他们毫不在乎。显而易见，这类中国政客所造成的危害比西方政客造成的危害要小得多。前者只是在他们所管辖的省份造成灾难，但后者为了赢得选举而不惜毁掉整个大陆。

中国政治腐败和混乱的危害远不如人们想象的那么大。若不是腐败与混乱诱发了列强尤其是日本的掠夺欲望的话，它的危害本来比我们自己的"高效"政府造成的危害要小得多。现代政府做的事十有八九是有害的；因此，他们做得越差，结果就越好。在中国，由于北洋政府懒惰、腐败和愚蠢，反而存在着一定程度的个人自由，而这种自由在世界其他地方已丧失殆尽。

中国的法律像其他国家一样糟糕。有时候，在外国压力之下，宣传布尔什维克主义的人会像在英国和美国一样受到关押。但这种情况很少见。通常说来，政府实际上很少干涉言论自由和新闻自由。个人用不着像1914年来的欧洲人和1917年来的美国人那样必须追随主流。人们依然可以独立思考，不用担心公开表达自己思考的结论有什么后果。个人主义在西方已经消亡，但在中国依然存在，结果有好有坏。中国的每个劳苦百姓都可以保持自尊和人格尊严，而在西方只有少数金融寡头才会拥有这些权利。

中国人"要面子"的习惯经常让在华的外国人觉得荒唐，但它只是在社交方面尊重个人人格的表现。每个人都有"面子"，甚至最卑微的乞丐也不例外。如果你不想触犯中国的道德规范，你就不能羞辱他。如果你说话违反了这个规范，他们会一笑置之；他们觉得如果你不是有意冒犯，那一定是在开玩笑。

有一次，我认为我教的学生不如我期望的那样用功，于是用同样情形下对英国学生说话的口吻讲了自己的看法。但很快我发现自己犯了一个错误。这些学生都不自在地笑了。我感到很惊讶，直到后来才搞清楚个中缘由。中国人的生活，甚至包括那些最具现代意识的人的生活，远比我们习以为常的任何事情更讲究礼貌。这个习惯当然不利于提高效率，而且更严重的是，不利于建立诚挚和真实的人际关系。如果我是中国人，我会希望这种礼貌再少一点。但是，对那些饱受西方暴虐之苦的人来说，中国人的温文尔雅让他们感到舒心。中国人的这种品质与我们直率的品质孰优孰劣，我不敢妄下结论。

中国人喜欢妥协，习惯于向公众舆论低头，这一点与英国人类似。在中国，很少有冲突会被推到极端残酷的程度。对待满洲皇帝的态度是一个恰如其分的例子。西方国家一旦变成共和国，废黜的君主一般会被砍头，或至少流放到国外。但在中国，皇帝依然保留了自己的称号、华丽的宫殿和大批太监，每年还可得到几百万银圆的岁用。溥仪现在十六岁，舒适地住在紫禁城里。在一次内战中，他被拥立复辟了十几天，但后来又被推翻，不过他并没因为被人利用而受到任何惩罚。

在中国，公众舆论一旦煽动起来，就成了一股非常强大的力量。人们普遍认为，1920年安福系的垮台主要就是迫于舆论压力。这个派系亲日，并接受日本贷款。仇恨日本是中国最强烈、最广泛的政治激情，大学生用慷慨激昂的演讲激发了这种情感。一开始安福系占据很大的军力优势，但士兵们明白了让他们打仗的原因后，纷纷作鸟兽散。最后反对派进入北京，几乎一枪未发就推翻了安福系控制的政府。

在一次教师罢工中，公众舆论也同样发挥了决定性的影响。我离开北京时，这场罢工正处在最终解决的关头。由于腐败，政府总是捉襟见肘，拖欠了教师好几个月工资。最后教师发动罢工以迫使政府支付欠薪，并派遣代表团在大批学生的陪伴下到政府部门谈判。他们与军警发生冲突，许多教师和学生都不同程度受了重伤。这个事件引发了强烈抗议，因为尊师重教在中国有深刻而广泛的基础。报纸纷纷撰文呼吁革命。当时，北洋政府刚拿出900万元不义之财，支付给了三位到北京敲竹杠的督军。它找不出任何漂亮的借口来拒绝教师提出的发放几十万元欠薪的要求，因此慌慌张张地让了步。我认为，在任何一个盎格鲁-撒克逊国家，教师的利益不可能引发如此强烈的公众情绪。

没有什么比中国人的耐心更令欧洲人吃惊的了。受过教育的中国人非常清楚中国面临的外来威胁。他们敏锐地意识到日本人在满洲和山东的所作所为，也意识到在香港的英国人正在不遗余力地破坏在广州建立南方政府的努力。他们深知，所有列强无一例外地对中国尚未开发的资源尤其是煤和铁虎视眈眈。日本是摆在他们面前的一个例子。通过推行野蛮的军国主义，建立铁的纪律，倡导一种新的反动宗教，日本成功地遏制了"文明的"工业国家的贪婪欲望。但是，中国人既未复制日本经验，也未驯服于外国势力的主宰。他们考虑的不是几十年后的事情，而是几个世纪后的事情。他们以前曾被外族征服过，首先是鞑靼人，然后是满族人，但最后他们都把征服者同化了。中国的文明得以延续而且没有被改变，那些入侵者却在经过几代人之后，变得比他们的臣民更像中国人。

满洲地域辽阔空旷，有足够的殖民空间。日本人声称需要殖民地容纳过剩的人口，但中国迁移到满洲的移民比日本要多一百倍。不管满洲现在的政治地位如何，它仍将继续是中国文明的一部分；一旦日本处境困难，满洲将会被中国收复。中国的力量来自于它的四万万人口，坚韧的民族精神，被动抵抗的力量，以及无与伦比的民族凝聚力——中国连年的内战也只是伤及凝聚力的皮毛而已。这些力量如此强大，以至于他们能够对军事手段不屑一顾，而选择等待侵略者的狂热能量在自相残杀中消耗殆尽。

中国是一个政治实体，更是一种文明。中国的文明是唯一自古延续至今的文明。自孔子时代以来，埃及、巴比伦、波斯、马其顿和罗马等帝国都相继消亡，中国却通过持续不断的改良得以存续。中国的文明也受到过外来影响，先有佛教的引入，现在有西方科学的传播。但是，佛教并没有把中国人变成印度人，西方科学也不会把他们变成欧洲人。我认识一些中国人，他们对西学的了解不逊于我们本国的教授，但他们并没有失去平衡，也没有逃离自己的人民。西方不好的东西——如野蛮成性、骚动不安、欺负弱小和唯利是图，他们认为这些都是糟粕，不愿吸取；但是他们希望吸取西方的好东西，尤其是科学知识。

古老的中国本土文化已经几近僵死，它的艺术与文学已失去昔日的辉煌，儒家思想已不能满足现代人的精神需求，哪怕是中国人。接受过欧美教育的中国人意识到，振兴本土传统需要一个新的元素，他们期待我们的文明能够提供这个元素。但是，他们并不想创建一种跟我们一模一样的文明；而正是这种想法蕴含着最大的希望。只要他们不在煽动之下落入军国主义的陷阱，他们就可能创造出一种崭新的文明，将比西方人创造出的任何文明都更加美好。

到目前为止，我主要谈了中国人性格中好的方面；不过中国跟任何其他国家一样，当然也有它不好的方面。我不喜欢谈论这些方面，因为我得到了中国人真诚的以礼相待，应该只愿意说他们的好话。但出于对中国的好意，也出于对真理的尊重，我觉得隐瞒这些不那么值得赞赏的东西是一个错误。我只请求读者记住，我认为，两相权衡，中国人是我所见过的最好的民族之一；而且我也准备对每一个列强提出更严厉的指控。在我将要离开中国的时候，一位著名的中国作家非要我说说我认为中国人的主要缺点有哪些。我有点勉强地提到了三点：贪婪、怯懦和冷漠。说来奇怪，这位作家非但没有生气，反而承认我的批评是公正的，并开始讨论可能的补救措施。这也体现了中国人最大的美德之一——智识诚实。

中国人的冷漠必定让每一个盎格鲁-撒克逊人感到震惊。他们缺乏西方的那种人道主义冲动；这种冲动促使西方投入百分之一的精力，去减轻自己用百分之九十九的精力造成的罪恶。例如，我们一再禁止奥地利并入德国，阻止他们移民和获得工业原料，结果，奥地利人不得不忍饥挨饿，只有一部分人由于我们兴之所至予以救济才免于挨饿。中国人没有让奥地利人挨饿的这个干劲，但也不会接济他们让一些人活下来。我在中国的时候，几百万人死于饥荒；有的人为了几块银圆将自己的孩子卖给他人为奴，如果得不到这钱，就干脆将他们杀死。赈灾工作大部分都是白人所为，中国人极少参与；即使参与了，其效果也因为腐败而大打折扣。不过话说回来，白人这么做，在更大程度上是安抚自己的良心，而不是帮助中国人。只要中国保持目前的生育率和农业生产方式，就必然发生周期性的饥荒。那些依靠救济侥幸逃脱饥荒的人可能无法挺过下一次饥荒。

中国要永远消除饥荒，只能改进农业生产技术，同时结合大范围的移民和生育控制。中国的有识之士认识到了这一点，因而对现在接济灾民的事情无动于衷。中国人冷漠的大部分表现都可以用类似的理由来解释，那就是牵涉的问题太大。但仍然有一小部分无法用这个理由来解释。如果有一条狗被汽车严重轧伤，过路的中国人十有八九会停下脚步，听这只可怜的畜生发出阵阵哀嚎而发笑。苦难的景象不会自然而然引起普通中国人的同情心。实际上，他们似乎觉得这有点令人愉快。从中国历史以及1911年以前的刑法典来看，中国人绝不是没有有意残忍的冲动，但我本人并未亲眼见过这方面的事情。不过必须指出，所有的列强都是有意残忍的践行者，只不过或多或少被我们的虚伪掩盖了。

乍看之下，怯懦是中国人的一个缺点；但我不敢肯定他们真的缺乏勇气。军阀混战，双方都逃离战场，胜利属于先发现对方溃退的一方。但是这只能证明中国士兵有理智。引发战火的也不是什么有意义的大事，军队也全部由雇佣兵组成。但在事关重大的时候，比如在太平天国起义中，据说政府军作战非常勇猛，尤其是有良将指挥的时候更是如此。但是，我认为与英国人、法国人和德国人相比，中国人算不上勇敢的民族，只在被动忍耐方面表现突出。中国人能忍受折磨甚至死亡，只是出于在更好战的民族看来不值得的动机，如隐瞒所盗物品藏在哪里。尽管相比之下他们缺乏积极主动的勇气，但他们比我们更不怕死，从他们不害怕自杀就可以看出来。

我认为中国人最大的缺点是贪婪。生活艰苦，挣钱不易。为了钱，除了极少数在国外受过教育的人以外，几乎所有人都有贪污腐败之嫌。就为了赚取几个铜板，几乎任何一个苦力都会冒着立即送命的危险。中国与日本打仗之所以那么艰难，主要是因为几乎没有中国政客能够抵挡日本人的贿赂。我认为贪婪的缺点可能是由于长久以来诚实的生活难以维持；如果经济条件改善的话，这种情况会有所改善。我不相信现在中国的贪污腐败比欧洲18世纪的情形还糟。我没听说过中国的将军有哪个比英国马尔伯勒公爵更腐败，也没有听说中国哪个政治家在这方面能超过法国红衣主教杜布瓦。因此，中国工业条件改善后，中国人完全有可能变得像我们那样诚实。这一点无需多说。

我一直在说的都是中国人在日常生活中的表现：思维敏捷、敢于怀疑，但是行动迟钝，缺乏激情。不过，他们性格也有另外一面：经常会陷入集体狂热。尽管我很少亲眼见到，但这无疑是事实。义和团运动就是很好的例子，它对欧洲人的影响也尤为巨大。中国历史上这类骚乱的例子比比皆是，只是程度有所不同。正是中国人性格中的这种因素使他们变得不可捉摸，也使人难以预测他们的未来。可以想象，他们中一部分人会变成狂热的布尔什维克主义者，一部分人会仇视日本，一部分会成为基督教徒，或许还有的会献身于某个可能最终称帝的领导人。我认为正是中国人性格中的这种因素，使一向小心翼翼的中国人成为世界上最鲁莽的赌徒。虽然浪漫的爱情在中国受到比西方更大的鄙视，但中国历史上许多皇帝败给了浪漫爱情的魔力而丢掉皇冠。

要对中国人的性格做一个概况总结并不容易。大部分使外国人感到吃惊的现象之所以存在，仅仅是因为中国人保留着一种没有受到工业化影响的古代文明。在日本、欧洲和美国金融势力的压力之下，所有这些都可能消失。中国艺术已开始消亡，取而代之的是对欧洲二流绘画的拙劣模仿。大多数受过欧洲教育的中国人都没有能力欣赏本土绘画的美，只是轻蔑地评论说中国画没有遵循绘画的透视法则。

让外国游客一见倾心的那种中国魅力不可能保持，必将在工业化影响下消失。但是，有些东西可能会得以保存，就是中国人道德品质中无与伦比的那些方面。它们是这个现代化的世界最迫切需要的。在这些品质之中，我首推平和秉性，寻求通过正义而不是武力解决争端。西方究竟是会允许中国人将这种秉性保留下去，还是会继续侵略中国，迫使他们出于自卫而放弃平和秉性走向军国主义，就像日本被逼到的那种境地，这一点尚有待观察。

(选自《中国问题》，出版于 1922 年)

中国与西方各国

要了解中国的国际地位,就需要了解19世纪的一些中国历史。很多世纪以来,中国一直是远东地区最大的帝国,土地广袤肥沃,人民勤劳文明。在中国,西方人所理解的贵族制在公元纪年开始之前就已经终结。跟英国一样,政府掌握在因擅长用古文写作而选拔出来的官员手里。与西方的交往断断续续,主要是宗教方面的交流。在公元后的前几百年里,中国从印度引入佛教。[1]为了到佛教的发源国学习这个新宗教的教义,一些学者亲往印度。但在后来蛮族骚扰的时期,再去印度几乎已不可能。基督教景教教派于7世纪传入中国,曾带来不小的影响,但后来也消亡无闻了。(直到1625年西安发掘出景教石碑,人

---

1 佛教传入中国,一说是公元前2年,一说在公元67年。

们才对这方面的史实有所了解。）从17世纪到18世纪初，罗马天主教传教士在中国深得朝廷信赖，这些传教士懂天文，人们今天仍能在北京的城墙上看到他们带来的地球仪和天体仪。但时间一长，他们不免卷入东西方礼仪之争，结果遭到了中国与日本的全面驱逐。

1793年，英国使节马嘎尔尼伯爵抵达中国，要求扩大通商，允许英国外交代表常驻中国。当时中国当政的是乾隆皇帝。这位清朝最杰出的皇帝很有教养，不仅资助艺术发展，自己还是一个出色的书法家。（人们在中国各地都能看到乾隆手书的片段。）巴克斯与濮兰德在他们合著的书中记载了乾隆给英国国王乔治三世的答复。我希望可以全文引用，不过摘录一部分也足够了。信的开头是：

> 咨尔国王，远在重洋，倾心向化，特遣使恭赍表章……并备进方物，用将忱悃。朕披阅表文，词意肫恳，具见国王恭顺之诚，深为嘉许。

接下来，乾隆像对待一个纠缠不休的孩子一样，耐心地向乔治三世解释了为什么不能满足他的愿望。他试图让英国国王确信派驻大使毫无用处，理由是：

若云仰慕天朝，欲其观习教化，则天朝自有天朝礼法，与尔国各不相同。尔国所留之人即能习学，尔国自有风俗制度，亦断不能效法中国，即学会亦属无用。

天朝抚有四海，惟励精图治，办理政务，奇珍异宝，并不贵重……并无更需尔国制办物件……尔国王惟当善体朕意，益励款诚。永矢恭顺，以保乂尔有邦，共享太平之福。

乾隆表示，他能理解英国人对中国产品的渴望，但感觉他们没有任何值得交换的东西：

"天朝物产丰盈，无所不有，原不藉外夷货物以通有无。特因天朝所产茶叶、瓷器、丝巾为西洋各国及尔国必需之物"，才允许继续在广州开展有限贸易。

乾隆本来没打算向马嘎尔尼施与这么多恩惠，但"念尔国僻居荒远，间隔重洋，于天朝体制，原未谙悉"，所以原谅了英国人的无知。他在信的结尾敕谕："其凛遵毋忽！"

我想说，只有到乾隆这份敕谕不再显得荒唐无稽的时候，人们才算对中国有所了解。罗马人自称世界之主，帝国之外的疆土对他们无关紧要。乾隆的帝国疆域更广，可能人口也更多；它与罗马帝国同时崛起，但它不仅没有坍塌，反而通过战争或同化的手段打败了所有敌人。中国的邻国当时都还处在野蛮状态，只有日本通过对中国的盲从模仿建立了文明。与亚历山大大帝相比，乾隆对世界的看法也不算荒诞。孔子都去世150年了，亚历山大还没听说过中国，却叹息已经没有新世界可以征服。乾隆对贸易的看法也不能算错。中国物产丰盈，应有尽有，已足以让民众满足幸福；而西方强迫与中国开展贸易纯粹是出于自己利益，对中国人来说，在贸易中换来的东西还不如没有。

遗憾的是，中国文化缺失了一个方面，那就是科学。在文学艺术和礼仪风俗方面，中国至少可以与欧洲比肩；在文艺复兴时代，欧洲本来在任何方面都不比天朝帝国优越。北京有家博物馆，在精美的中国艺术品旁边，陈列着法国国王路易十四送给中国皇帝的礼物。他本来是想让中国皇帝对他这位"太阳王"的光辉留下深刻印象，但这些礼物与周围的中国艺术品比起来显得俗艳野蛮。英国诞生了莎士比亚、弥尔顿、洛克、休谟以及另外一些让文学艺术熠熠生辉的人物，但这也未能让我们比中国人更卓越。让我们超过中国人的是牛顿、罗伯特·波义耳以及他们科学成就的继承者。他们让我们掌握了更熟练的杀戮艺术，英国人杀中国人要比中国人杀英国人更容易。在这个意义上来说，我们的文明比中国文明优越，乾隆皇帝显得荒谬可笑。在干掉了拿破仑之后，我们立即着手来向中国人证明这一点。

我们第一次与中国交战是在1840年。战争起因是中国政府努力阻止鸦片进口，结果是中国割让香港岛、开放五个口岸供英国和（稍晚一些）法国、美国、斯堪的纳维亚半岛国家通商。1856年至1860年，英法联手向中国开战，毁掉了北京附近的圆明园。园内珍宝的艺术价值与威尼斯圣马可大教堂相当，远超法国兰斯大教堂。这一行径极大地促使了中国人相信我们文明的优越性，被迫增开7个通商口岸，开放长江水域，赔款并向我们割让更多香港领土。1870年，中国人鲁莽谋杀了一名英国外交官，其余的英国外交官提出要求，获得了赔偿金，开放五个港口并对鸦片征收固定关税。随后，法国抢走了安南[1]，英国人抢走了缅甸，以前中国对这两个国家都拥有宗主权。在1894年至1895年，中日战争爆发，日本完胜并趁机征服朝鲜。如果没有法国、德国与俄国的干预，日本本来会掠夺得更多；英国则袖手旁观。出于对俄国的忌惮，英国开始支持日本。这场战争也导致中国与俄国结盟，作为奖赏，俄国获得了在满洲的所有重要权利。后来俄国将这些权利转让给了日本，部分是在日俄战争后转让的，部分是在布尔什维克革命以后。

到了1897年，两名德国传教士在山东被害。这两人生命中没有任何东西比失去生命更能成就他们；因为即使他们活着，本来也不会有几个中国人皈依他们。但他们的死倒是让全世界

---

[1] 今越南。

上了一堂客观的基督教伦理课。德国人借机占领了胶州湾并建了一个海军基地，在山东拿到了铁路权和采矿权；根据《凡尔赛和约》，这些权利又按照威尔逊的"十四点原则"转让给了日本。山东由此实际上成了日本的财产。不过，美国后来在华盛顿会议上又坚持山东应该归还中国。但这两个传教士给文明做出的贡献并没有止于中国。德国议会就《德国海军法案》展开辩论的时候，法案支持者不断提及他们的死，理由是战舰能让德国在中国受到尊重。因此，这两个人的死在一定程度上加速了英德关系的恶化，加快了第一次世界大战的到来。他们的死也部分导致了义和团的兴起。据说，义和团就是脱胎于山东反抗德国人的运动。不过，其他列强处处都效仿德国。俄国人在旅顺建了海军基地，英国人抢占了威海卫并在长江上取得了势力范围，如此种种。只有美国没有插手，宣称坚持保障中国领土完整和它自己制定的门户开放政策。

欧洲人对中国的大事记得不多，义和团运动是其中一件。我们用洗劫北京城的行动展示了自己的卓越美德，然后索要了一大笔赔款，把北京使馆区变成了壁垒森严的城堡。时至今日[1]，它仍用围墙围起来，驻扎着欧洲、美国和日本的士兵，周围的空地不允许中国人建房子。使馆区由外交机构管辖，中国当局

---

1 指罗素撰写本文的时间，大约是1922年。

对任何进入其辖内的人都没有管理权。当某个大肆腐败和卖国投敌的政府被推翻后，它的成员会跑到日本（或其他国家的）公使馆避难，以逃脱对其罪行的惩罚；在使馆的神圣区域内，美国人建了一个巨大的无线电台，据说能与美国直接通讯联络。因此，乾隆反对在北京建立常驻外交机构的理由是完整的。

但义和团运动引发的赔款也办了一件好事。美国人发现，在支付所有损失索赔后还剩了一大笔。他们将这部分归还给了中国，让它用于高等教育，其中一部分拨给受美国控制的大学，另一部分用于派遣优秀学生到美国大学留学。中国从中受益巨大，美国从中国人尤其是接受过最好教育的那一部分人的友谊里也获益匪浅。虽然这一点所有人都可以看到，但英国几乎没有显露出丝毫效仿的迹象。

经历了各种战争，面对各种强加的条约，中国失去了财政独立。要了解中国政府面临的困难，就必须意识到这一点，中国人先是没有任何与欧洲人外交的经验，不知道哪些事情要着力避免，后来他们又未获准许将旧条约作废，因为这属于强国的特权，是每一个列强都在行使的特权。

这方面最好的例子就是关税。1842年第一次战争结束时，我们签订一项条约，规定对通商口岸进口的所有货物征收5%关税，出口货物不超过5%。这项条约是中国整个关税体系的基础。在第二次战争后期的1858年，我们制定了一个货物的协议价格表，税率为5%。这个协议价格表本应每十年修改一次，但实际上只在1902年和1918年改过两次。而且修改协议价格表也只是修改了协议价格，而不是关税，税率仍固定在5%。修改税率实际上也做不到，因为除了英国，中国还与12个国家签署了附有最惠国待遇条款的通商条约，税率都相同。因此，要修改税率必须得到13个国家的一致同意。

西方列强谈起"门户开放政策"对中国是一剂万能灵药的时候不要忘记，这个政策没有采取任何措施让中国在关税问题上享有其他主权国家都享有的关税自主权。1842年的条约是中国关税体系的基础，但它没有确定有效期限，也没有规定任何一方废止条约的权力，而其他通商条约都会有这两方面的条款。低税率对想在中国为自己的商品找市场的列强有利，当然没有动机同意作任何变更。过去我们进行的是自由贸易，还可以为自己辩解说，我们强加给中国的政策跟我们自己采纳的政策是一样的。但没有其他国家能找这种借口，而且在我们通过《产业保护法案》抛弃了自由贸易之后的今天，也无法再以此作为借口了。

进口税率太低，中国政府为了收入不得不对所有出口货物征收最高税率5%。这一举措当然限制了中国商业的发展，因此可能是一个错误。但中国急需获得收入来源，所以中国政府觉得实行这个税率势在必行也不令人意外。

中国还有另一种主要从太平天国时期沿袭下来的关税体系，就是在各个重要关卡设立国内关税壁垒。目前，中国国内贸易仍采用这一体系。但从事国内贸易的商人，从通商口岸接受货物或将货物发送到通商口岸，只要支付一半的进出口税就可以逃避国内关税。由于这样交的税一般比国内关税低，这个规定自然就对国外产品有利，使国内产品受损。当然，国内关税制度不好，但它是传统，而且人们以急需收入为理由为它辩护。中国提出以统一增加进出口关税税率为条件废除国内关税，并得到了英国、日本和美国的同意。但这个提议还需要得到其他10个列强的同意，中国最终未能获得一致同意。所以，旧的关税体系仍然有效，主要不是中国政府的错。还应补充的一点是，国内关税由省级部门收取，而他们通常会截留一部分用于私家军队和打内战。现在的中央政府不够强势，无法阻止这种滥用权力的现象。

海关管理权只部分掌握在中国人手里。中英条约规定，只要两国的贸易额超过了其他与中国签约的国家，海关的最高职务——总税务司就必须由英国人担任，所有下级官员都由其任命。1918年(我手头的数据到这一年为止)，中国海关雇用了7500人，其中2000名是外国人。第一任总税务司是罗伯特·赫德爵士[1]。各方一致认为他出色地履行了职责。

就现在来看，目前的海关制度有不少值得称道之处。中国人有权任命总税务司，因此可以挑选对其持同情态度的人。中国官员通常腐败懒惰；要建立现代官僚体系，就有必要由外国人控制。只要这些外国官员对中国政府而不是外国政府负责，他们就可以起到教育作用，为中国建立一个高效的国家铺路。

需要解决的问题是，中国如何从白人国家获得技能和知识方面的培训，而又不沦为它们的奴隶。要解决这个问题，在早期阶段非常值得借鉴现在的海关制度。

另一方面，除了关税税率被条约永久固定这个事实，海关目前的地位严重侵犯了中国的独立性。海关获得的大部分收入被用来抵押以获得各种贷款和支付赔款，所以不能单单从中国利益的角度来看待海关问题。此外，在目前的无政府状态下，海关管理部门可以对中国政治发挥相当大的控制力；它可以决定承认某个事实上的政府，也可以决定不承认它（中国北方还没有任何意义上的合法政府）。目前，海关收入被截留在南方，而且正在酝酿故意破产。鉴于外交官抵制改革的本性，海关问题会成为国内改革的严重障碍。这意味着，任何一心想推出激

---

[1] 中国海关第一位总税务司是英国人李泰国（Horatia Nelson Lay, 1833—1898），赫德自1863年开始担任此职，把持中国海关长达半个世纪。

进改革的政府都无法指望获得海关的收入，因此，国家重建会面临巨大的财政障碍。

盐税方面情况类似。盐税也用来抵押以获得各种外国贷款；为了让它成为合格的抵押品，相关的外国列强坚持中国盐税的主要职位由外国人担任。当局同意在关键职位任用外国人。跟海关一样，中国政府任命外国人担任稽查官，盐税管理各方面都与现有的海关制度相似。

关税和盐税成为中国获得各种贷款的抵押品，加上管理职位由外国人担任，为列强的干预提供了机会，而他们是丝毫不会忽视这些机会的。今年1月份《泰晤士报》刊登的三则电讯描述了这方面的情形。

1922年1月14日，《泰晤士报》刊登了驻北京记者的电讯：

> 外国人大笔一挥，这个国家（中国）就会被裁定具有偿付能力，政府会得到大笔收入；如果不这么做的话，它就会妥妥地破产。这个情形很让人好奇。虽然内战连连，政局混乱，海关收入仍持续增长，去年更是打破纪录，达到100万英镑。华盛顿会议批准提高关税，这笔收入足以让中国在短短几年内还清流动内债和外债，使中国政府不用将丰厚的盐税盈余拿来抵押。难题不在于提供资金，而在于找到一个可以托管这些资金的政府。但眼下还看不到

这个难题得到解决的前景。

我大胆推测，如果恢复清王朝，《泰晤士报》会认为这个难题得到了解决。

有关那笔"丰厚的盐税盈余"，《泰晤士报》驻京记者发了另两则电讯报道（分别刊发于1月12日和23日）。从中可以看出如果人为造成北洋政府破产，我们会得到什么。第一则电讯（1月10日发出）内容如下：

中国现在的情形，可以用镇江附近一个大型长江盐务稽核所发生的事情来充分描述。驻扎在那里效忠于中央政府的中国舰队（更精锐的那部分很久以前投靠了广州政府），派遣了一队战舰到稽核所，并通知北京说，如果不立即支付300万大洋（合40万英镑）的欠饷，他们就会强制从盐税收入中扣除这笔款项。同时，长江上繁忙的盐运也被中止。相关的公使馆向北洋政府发出同文照会警告，北洋政府有必要立即清除长江盐运和外国盐运使工作的障碍。

第二则电讯同样有趣。内容如下：

对盐税事务的干涉正在成为严重的问题。我在10日电讯中提到的中国战舰仍封锁着镇江附近的盐运,同时,一位自称吴佩孚(一位开明的军事首领)代理的人闯入汉口的盐运事务处,极力为他的强势主人挪用盐运收入。英国、法国、日本公使随即再次致函北洋政府指出,如果这种非正常的程序不停止,他们将不得不单独采取行动。有价值2500万英镑的重组贷款是以盐税收入做抵押的,因此干涉外国对盐务部门的控制违反了贷款协议。中国各地有的独立于北京政府,有的受北京控制。这些地方的督军(军事长官)截留盐税收入,导致外籍盐运使控制的收入大幅减少。但由于仍有巨大的余额,抗议又毫无用处,有关的各方都认为不如默许。但是,动用海军在长江的盐务关口进行干涉是另外一回事。从华盛顿会议达成的友好决议来看,这种情况就显得滑稽有趣了。按照这项决议,列强们似乎已禁止他们自己在将来以任何主动的形式干涉中国。考虑到梁士诒内阁遭到普遍反对,加之现在的盐税谈判受到干预,拟用盐税盈余做担保的9000万大洋(合1100万英镑)的贷款已经取消。定于1月份进行的新年首次偿付问题如何解决,至今未有答案。

这是一个绝妙的游戏:人为制造破产,然后对随之而来的无政府状态施加惩罚。华盛顿会议又试图对这个局面进行干预，这多么令人遗憾！

这些麻烦是中国人自找的，这一点毋庸置疑；原因就是他们没有能力培养诚实能干的官员。这种无能根植于中国的伦理之中，因为它强调一个人应该对家庭而不是对社会公众负责。人们寄望官员一直为亲属提供钱财，因此官员只能以牺牲孝道为代价才能保持诚实。中国要进步，一个至关重要的条件就是消除这种家庭体系的影响。年轻的中国人意识到了这一点，因此我们或许可以希望20年后，中国官员会像欧洲官员那样诚实；这并非奢望。

但要实现这个目标，与西方国家友好交流至关重要。如果我们像在印度和日本所做过的那样，坚持激起中国人的民族主义情绪，中国人就会开始这样想：凡是和欧洲不一样的地方，中国的都比欧洲的更好。这种想法比欧洲人想象的更符合事实，但也不是全然正确。如果中国人真的这么相信的话，西方人在中国的善意力量将走到尽头。

在本章中，我简要讲述了西方列强在能够独立于日本在中国行事的时候的所作所为。但在现代中国，最紧迫的问题是应对日本的侵略。不过在探讨这个问题之前，我们必须扼要地讨论现代日本的崛起。现代日本是一种东西方的奇特融合，我不希望它预示着中国最终也会发生这种融合。但在讨论日本之前，我将简要介绍一下现代中国的社会和政治状况，否则的话就无法理解日本在中国的所作所为。

(选自《中国问题》，1922年出版)

中国与西方文明对比

我们已经看到，西方文明与土生土长的天朝帝国文明正在中国发生密切接触。这种接触究竟会孕育出一种比两种文明都要好的新文明，还是只会摧毁中国的本土文明并以美国文明取代？这依然是一个疑问。历史已经证明，不同文明之间的接触常常是人类进步的里程碑。希腊向埃及学习，罗马帝国向希腊学习，阿拉伯人向罗马帝国学习，中世纪的欧洲向阿拉伯人学习，文艺复兴时期的欧洲向拜占庭帝国学习。在多数情形下，学生青出于蓝而胜于蓝。就中国而言，如果我们把中国人看作学生，那么学生超过老师的情形可能会再次出现。事实上，我们必须向他们学习的地方与他们要向我们学习的地方一样多，但是我们向中国学习的机会要少得多。我之所以把中国人看成我们的学生，而不是把我们看成中国人的学生，只是因为我担心我们难以教化。

在本章，我想讨论中国和西方接触时产生的纯文化方面的问题。

除了16世纪西班牙和美洲之间的文明交流外，我想不出还有哪两种文明在各自经过长时期的发展后才进行接触的例子；中国文明与欧洲文明的印记，就是在这个漫长的独立发展时期打下的。鉴于这两种文明经历了如此长时期的隔离，欧洲人和中国人能够不太困难地互相理解，令人感到有点惊讶。为了更加明确地说明，有必要简短地回顾一下这两种文明的历史起源。

西欧和美国的精神生活实际上是同源的，可以追溯到三个源头:（1）希腊文化;（2）犹太宗教与伦理;（3）现代工业主义——它本身是现代科学的成果。我们可以用柏拉图、《旧约》和伽利略分别代表这三个要素，这些要素至今依然各自独立存在。从希腊人那里，我们获得了文学、艺术、哲学和纯数学，以及社会生活中更加温文尔雅的那部分。从犹太人那里，我们获得了狂热的信念，信徒们将其称为"信仰"；获得了道德热情，知道了原罪的概念；还获得了宗教偏见和部分民族主义观念。从将科学应用于工业的过程中，我们获得了力量和力量感，这是一种我们就是神的信念，相信我们完全可以主宰那些不懂科学的民族的生死存亡。我们也获得了经验主义方法，并依靠它获得了几乎所有真正的知识。我认为，这三个要素能够解释我们的主要精神。

这三个要素中没有哪一个在中国的发展过程中扮演过明显的角色，只有希腊文化曾间接地影响过中国的绘画、雕刻和音乐。中国在刚开始有历史的时候，就已跻身大河文明之列。在这些大河文明中，埃及和巴比伦文明影响了希腊人和犹太人，从而为西方文明的形成作出了贡献。正如埃及和巴比伦文明是拜尼罗河、幼发拉底河和底格里斯河流域冲积平原的肥沃土壤所赐一样，中国的文明开端也是拜黄河所赐。甚至到了孔子时代，中华帝国的疆域还主要在黄河流域，没有向南或向北拓展。但是，尽管在地理环境和经济环境方面有相似之处，中国人的精神面貌与埃及和巴比伦人却几乎没有共同之处。老子和孔子都生活在公元前6世纪，但他们已经具备了我们眼中的现代中国人的显著特点。将一切都归因于经济因素的人会发现，经济因素难以解释古代中国人与古代埃及人、古代巴比伦人之间的区别。我自己也无法给出一套可用来解释的理论。目前，我认为科学无法完全解释国民品格的差异。气候和经济环境能够做出部分解释，但不能全部解释。一个民族的性格可能很大程度上取决于在其形成时期主导型人物的性格——如摩西、穆罕默德、孔子等。

中国最早的著名圣人是道家学说创始人老子。"老子"并不是真名，只是指"老哲学家"。按照中国传统的说法，老子比同时代的孔子更年长。我觉得他的哲学也更有趣。他认为，每个人、每个动物和每件事物都有符合自己本性的特定行为方式和方法。我们自己应该遵循这种方式方法，并鼓励其他人也这样做。"道"的意思是"道路"，但在实际运用中多少带有某种神秘色彩，类似于《圣经》中所说的："我就是道路、真理、生命。"我认为，老子觉得死亡是因为偏离了"道"；如果我们能严格顺应自然生活，我们就会像天体一样永远不死。后来，道家学说蜕变成了一种魔法，主要与寻找长生不老药相关。但我认为，渴望永生是道家学说创立之初就有的一个要素。

老子的书或托名老子的书都很简短，但他的思想得到了他的弟子庄子的发展。庄子的思想比老师更有趣。他们的哲学都倡导自由。他们都认为政府的存在是不好的，一切干涉自然的做法都有害。他们批评现代人的生活太匆忙，赞赏"古之真人"的恬淡宁静。道家学说中有一种神秘主义意味，因为尽管世间有生命的事物多种多样，但"道"在一定程度上是同一个道。所以，假如所有生命都遵循它，这个世界就不会有纠纷和冲突。

两位圣人都已具有了中国人特有的幽默、节制和低调的性格。他们的幽默可以从庄子讲述伯乐"善治马"的故事中看出来。伯乐善于养马，但他驯养的马却有一半死掉了。他们的节制和低调与西方的潜修者比较起来很明显。这两个特征在所有的中国文学和艺术中，在今天有教养的中国人的交谈中都能体现出来。中国各阶层的人都喜欢笑，并且从不放过开玩笑的机会。有教养的人幽默巧妙而含蓄，所以欧洲人常常理解不了，而这又更增添了中国人的乐趣。

中国人低调的习惯非常突出。有一天，我在北京遇到一位中年人，他告诉我对研究政治理论有兴趣；当时我刚到中国，所以就根据话语的表面意思来理解。但后来我发现他曾担任过省长，并且多年来一直是著名的政治家。

中国的诗歌明显缺少激情，同样是由于低调的原因。他们认为一个明智的人应当永远保持冷静；尽管也有激情澎湃的时刻（中国人实际上是一个容易激动的种族），但是他们不愿意将它们表现在艺术中，因为他们认为激情不好。我们的浪漫主义运动促使人们喜爱热烈之情，但据我所知，中国的文学中没有出现过类似的运动。中国古乐（有些相当优美）的乐音过于微弱，以至于人们只能勉强听到。中国人在艺术中追求雅致，在生活中追求理性。他们不欣赏无情的强人，也不欣赏毫无节制地表达激情。在习惯了西方张扬喧闹的生活之后，一个西方人刚开始的时候会注意不到中国人含蓄低调的志趣所在，但这些特点的美妙与高贵会慢慢地浮现出来；所以，那些在中国生活时间越长的外国人就越热爱中国。

演变成炼丹术的道家思想虽然得以延续，但还是被儒家思想从知识阶层中排挤出去。我必须承认，我看不出孔子好在哪里。他的著作主要介绍各种烦琐的礼仪细节，他最关心的是教导人们在各种各样的场合如何举止得当。不过，如果将孔子与其他时代和其他民族的传统宗教传授者相比，人们必须承认孔子有突出长处，尽管它们大部分是消极负面的。

孔子创立并由其追随者发扬光大的理论体系，是一种没有宗教教条的纯粹伦理学说；它没有滋生出强大的神权，也没有带来宗教迫害。孔子的学说无疑成功地培养了一个举止优雅、彬彬有礼的民族。中国人的礼仪并没有局限在日常生活中，在许多没有前例的场合下也得到恪守。他们的礼仪并未局限在某一个阶层，甚至在最卑微的苦力身上也有体现。白种人对待中国人蛮横无理，而中国人以默默的尊严回应，不愿自贬身份以粗鲁还击粗鲁，这样的情形不免让我们觉得丢脸。欧洲人总是把中国人的态度视为软弱的表现，殊不知这实际上是一种力量。自古以来，中国人就是凭借这种力量战胜了所有企图征服他们的人。

中国传统文明中有一个重要的外来因素，而且也仅此一家，那就是佛教。佛教由印度传入中国，并在其宗教中占据了一定地位。而我们从犹太人那里承继了不容忍异教的观念，认为一个人信奉一种宗教，就不能再信奉别的宗教。按照正统的基督教和伊斯兰教教义，一个人不能同时接受两种宗教。但中国不存在这种相互排斥的情况，一个人既可以是佛教徒，也可以是儒家思想的信徒，因为佛教与儒家思想并无相互抵触之处。日本的情况类似，大多数人既信佛教，也信奉神道教。不过佛教教义与儒家思想有一种气质上的差别，所以即使一个人同时接受这两种信仰，也会有所侧重。

按照我们对"宗教"定义的理解，佛教就是一种宗教。它有神秘的教义，有拯救灵魂的方法，也有来世的概念。佛教向世界传递了旨在治愈绝望的信息，认为没有宗教信仰的人自然会产生绝望。它认为悲观是人的本性，唯有信仰才可以将其消除。儒家思想中则完全没有这些要素。它认为从根本上来说，人与世界和谐一体，他们只需要教导如何活着，而不是需要鼓励才能活下去。儒家的伦理教诲并非建立在形而上学或宗教教义的基础上，而完全是世俗的。佛教与儒家在中国共存的结果是，那些更有宗教情怀和更爱思考哲学性问题的人信奉佛教，而喜欢积极行事的人接纳儒家思想。儒家思想一直是中国的官方学说，用于选拔政府官员的考试。这样做的结果是，长期以来中国的政府掌握在充满书卷气的怀疑论者手中，政府管理者缺乏西方国家要求其统治者必须具备的那种活力与弃旧图新的魄力。实际上，他们的行为非常契合庄子的准则。其结果是，除了战争带来的苦难，民众对现状心满意足；其辖下的民族享有自治权；尽管中国人口众多、资源丰富，外邦民族无需心存畏惧。

将中国文明与欧洲文明对比就会发现，希腊文明中的很多东西，中国文明中也有。但中国文明中缺少西方文明中的另外两个因素，即犹太教和科学。中国实际上没有宗教，不仅上层阶级没有，整个民族都没有。中国有一套非常明确的伦理规范，但这些规范既不狂热，也不严苛，其中也不包含"原罪"的概念。中国没有科学，也没有工业主义思想，一直到最近才开始受到欧洲的影响。

古老的中国文明和西方开始接触，会带来什么结果？我考虑的不是政治或经济方面的结果，而是对中国人思想面貌的影响。但是，政治和经济问题难以完全剥离，因为文化交流必然受到这两方面交流的影响。不过，我希望尽可能单独探讨文化问题。

现在，中国人对学习西方知识抱有极大热忱，不仅是为了增强国力，抵抗西方侵略，更是因为相当多的人认为学习本身就是好事。崇尚知识是中国的传统，但以前只是学习古典文学，现在人们普遍意识到，西方的知识用处更大。每年有许多学生到欧洲的大学留学，去美国留学的更多。他们学习科学、经济、法律和政治理论。这些人回国后，大部分成为教师、政府官员、新闻记者或政治家。他们正在促进中国人尤其是知识阶层获得现代化视野。

中国的传统文明已经变得保守落后，在艺术和文学领域已无法创造价值。我认为这不是这个民族的堕落所致，而仅仅是因为缺乏新的材料。西方知识的涌入刚好提供了中国需要的刺激。中国学生才华卓著而且求知若渴。中国高等教育资金不足，图书馆匮乏，但完全不缺最优秀的人才。尽管中国文明缺少科学的要素，但它从不敌视科学，因此科学知识在中国的普及，没有遇到类似欧洲科学发展过程中教会设置的种种障碍。如果中国人能够建立稳定的政府，获得充裕的资金，那么在未来30年内，他们将在科学上取得卓越成就。对此我毫不怀疑。他们很可能会超过我们，因为他们满怀蓬勃朝气和对民族复兴的热忱。实际上，少年中国表现出来的这种学习热情，会让人不断回想起15世纪意大利的文艺复兴精神。

中国人与日本人的一个显著不同在于，中国人希望向我们学习的并不是那些能为他们带来财富和增强军事力量的知识，而是具有伦理或社会价值的东西，或是一种纯粹的求知兴趣。他们并不是不加批判地看待我们的文明。一些中国人告诉我，在1914年前他们的批判态度没有那么激烈，但第一次世界大战让他们认识到，西方的生活方式肯定不是完美无瑕。不过，向西方寻求智慧的习惯力量依然强大，一些年轻人认为布尔什维克主义能给他们带来所寻求的东西。这一希望肯定正在变成失望，不用多久，他们会意识到，中国人必须找到用新的综合手段拯救自己的道路。日本人吸纳了我们的缺点，也保留了他们自己的缺点。但我们或许可以抱有这样的希望，就是中国人会做出相反的选择，既保持他们自己的优点，也吸纳我们的长处。

我应该说，我们西方文明的显著优点在于科学方法，中国人的显著优点在于对人生目标的合理观念。我们必须期望这两个优点能逐渐结合起来。

老子在描绘"道"的运行时指出："生而不有，为而不恃，长而不宰，是谓玄德。"（生长万物却不据为己有，兴作万物却不自恃己能，滋养万物却不为主宰，这就是最高的德性。）我认为，人们可以像善于思考的中国人那样，从这些话里体会出人生的目标。我们也应该承认，中国人的人生目标与大多数白人确立的人生目标截然不同。无论是在国家层面还是在个人层面，西方孜孜以求的正是"有""恃"和"宰"。这些思想被尼采发展成了一种哲学，而他的追随者并非只有德国人。

也许有人会说，你一直将西方人的实践与中国人的理论做比较；假如你将西方人的理论与中国人的实践加以比较，就会得出大不一样的结论。这话确实很有道理。"有"（占有）是老子希望我们摒弃的三种东西之一，但它是许多普通中国人心里非常珍视的东西。就整体而言，他们非常迷恋金钱。他们对金钱的执着或许比不上法国人，但肯定超过了英国人和美国人。他们的政治是腐败的，权贵用不光彩的手段积聚财富。这些都不容否认。

但我注意到，在"悌"和"宰"方面，中国人的实践明显强于我们。中国人欺凌其他民族的欲望比白人小得多。中国在国际上沦为弱势，除了存在腐败和其他罪恶的因素外，在相当程度上是由于中国人的这种美德；而人们通常将前一个因素看作是中国衰落的唯一原因。假如世界上有哪一个国家会"自尊到不屑于争斗"的话，这个国家肯定是中国。

中国人天性宽容友好，彬彬有礼，并希望别人对自己也以礼相待。假如中国人愿意，他们可以成为世界上最强势的民族。但是，他们只渴望自由，不愿意主宰他人。别的国家可能会迫使中国人为保卫自己的自由而战，如果这样的话，他们可能会失去自己的美德，滋生出成为一个帝国的兴趣。这种情况并非不可能出现。但从现在来看，尽管他们二千多年来一直是一个帝国种族，但极少表现出对帝国的迷恋。

虽然中国一直战火频仍，可是中国人的天性是和平主义。中国诗人白居易写过一首《新丰折臂翁》，韦利先生翻译为《折臂老人》，将一个折断自己手臂以逃避入伍的征兵对象描写成一位英雄。我想不出还有哪个国家的诗人会这么做。中国人的和平主义植根于他们深思熟虑的世界观。事实上，他们并不渴望改变看到的一切。

正如他们的绘画表现出来的那样，中国人乐于观察不同生命千姿百态的特征表现，不愿意将一切都简化成一个先入为主的模式。他们没有西方国家中占据主导地位并且使人们的积极冲动合理化的进步理想。当然,即使对我们而言,进步也是一个非常现代的观念,它的诞生部分归功于科学和工业主义。今天有文化而思想保守的中国人所说的和他们最早的圣人所写的完全一样。假如有人指出这表明中国几乎没有什么进步,他们会回答说:"既然已经很优秀了,为什么要去寻求进步呢?"乍一听,欧洲人会觉得这个观点是过分懒惰的表现;但慢慢地,对我们自己智慧的怀疑会滋生出来,人们会开始想,那么多我们称为进步的东西只不过是无休止的变化而已,它们并没有使我们更接近于所向往的目标。

把中国人在西方寻求的东西与西方人在中国寻求的东西做对比是很有趣的。中国人在西方寻求知识,希望知识能为他们打开智慧的大门。我担心这个希望将会落空。白人去中国都带着三种动机:打仗、赚钱、让中国人皈依我们的宗教。最后一种动机具有理想主义色彩,也激发了许多人的献身精神。但是,军人、商人和传教士也同样企图在全世界打上西方文明的烙印。这三个动机在一定意义上说都是寻衅滋事。中国人无意强迫我们皈依儒教,他们说:"万法归一。"所以,他们乐意让我们走自己的路。中国有很好的商人,但他们经商的方法全然有别于在中国经商的欧洲商人。后者总是不断地寻求对方让步,获得垄断铁路、矿山,并不惜依仗炮舰来使要求得到满足。通常来说,中国人不是好士兵，因为他们知道别人要求他们为之战斗的东西不值一战，但这恰恰是他们理智的证明。

我认为，中国人的忍耐力远远超过了欧洲人凭本国经验能够想象到的程度。我们自认为具有忍耐力，不过只是比我们的祖先做得更好而已。我们仍然存在政治和社会迫害，而且坚信我们的文明和生活方式比任何其他文明和生活方式都好得多。所以，当我们遇到像中国人这样的民族时，我们确信能对他们做的最大善事是使他们变成我们那样。我相信这是一个极大的错误。

在我看来，普通的中国人，哪怕穷困潦倒，也比普通的英国人快活，原因是这个国家建立在比我们更加人道和文明的观念基础上。躁动不安和争强好胜不仅会引发明显的罪恶，还会使我们对生活心怀不满，无法享受美好的事物，并几乎丧失沉思的美德。在这方面，近一个世纪以来情况迅速恶化。我不否认中国人在相反的方向上走得太远；但也正是出于这个原因，我认为东西方的接触将为双方带来丰硕成果。中国人可以向我们学习工作和生活中不可或缺的最基本的效率，而我们可以向中国人学习一些深思熟虑得来的智慧。正是凭借这种智慧，中国的文明依然在延续，而其他古老的国家已消失得无影无踪。

我到中国是去教书的。但在中国的每一天，我对要教给中国人些什么想得很少，想得更多的是我可以向他们学习些什么。

我发现，这种态度在久居中国的欧洲人身上并不罕见；令人悲哀的是，在那些在中国生活时间不长或只想在中国挣钱的欧洲人身上，却极少看到这种态度。之所以如此，是因为在那些我们十分看重的方面——军事实力和工业企业，中国人做得并不突出。但那些珍视智慧、审美或甚至只是享受生活的人将会发现，与心神不定、动荡不已的西方相比，在中国更能获得这些东西，并乐意生活在珍视这些东西的地方。我希望中国能给予我们一些她拥有的东西——巨大的包容心和善于沉思带来的心灵宁静，作为获取我们科学知识的回报。

（选自《中国问题》，1922年出版）

东西方幸福观

大家都知道 H.G. 威尔斯的《时间机器》,机器发明者能在时间维度上随意进退,既可回看过去,也能目睹未来。但人们并非总能意识到,威尔斯笔下时间机器的诸多好处,今天人们通过世界旅游就可享受。去纽约和芝加哥的欧洲人会看到欧洲的未来——只要能避免经济灾难,这种未来就很可能实现。相反,他若是去亚洲,则会看到过去。我听说,在印度能看到中世纪的欧洲,在中国能看到 18 世纪的欧洲。如果乔治·华盛顿现在魂游世界,他会对自己创建的这个国家的景象大惑不解。如果他去英国,这种陌生感会略有减少;如果去法国,陌生感又会减几分。不过,只有到了中国,他才会真正感到自在。他在魂游中会第一次看到有人仍然信奉"人人享有生命权、自由权和追求幸福的权利",或多或少有人像独立战争时期的美国人那样看待这些权利。我相信，他很快就会在中国当上民国总统。

西方文明涵盖南、北美洲和俄国以外的欧洲，以及英联邦自治领地。美国是西方文明的领头羊，西方所有有别于东方的特质在美国体现得最为鲜明，而且在美国得到了进一步发展。我们习惯于把进步看成理所当然的事情，习惯于毫不犹豫地认为，过去一百年里发生的变化毋庸置疑地都是朝着好的方向，今后还会永无止境地向好的方向变化下去。在欧洲大陆，第一次世界大战及其后果严重打击了这一信念，人们开始缅怀1914年以前的时代，将其视为可能在今后几百年都不可能再现的黄金时代。这种乐观信念在英国受到的打击就小得多，在美国就更小。对我们中间那些将进步视为理所当然的人来说，一件饶有趣味的事情是，去访问中国这样的国家——中国还停留在距我们今天一个半世纪之前的状态，并且扪心自问，比较而言，我们经历的种种变化，是否带来了真正的发展。

众所周知，中国的文明以孔子的学说为基础，儒家思想在基督出现之前500年里繁荣昌盛。跟希腊人和罗马人一样，孔子认为，人类社会并非天生趋向进步；相反，他认为远古时代君主贤明，人民幸福，达到了现时堕落的社会只能钦佩却难以企及的高度。当然，这只是他的错觉。但实际结果是，孔子和其他古代教师一样，致力于创建一个稳定的社会，保持一定的卓越水平，而不是不断追逐新的成功。在这方面，他比古往今来其他任何人都要成功。从他的时代一直到我们现在的时代，他的人格深深烙印在中华文明中。

在孔子时代，中国的疆域只是今天中国的一小部分，并分裂为若干诸侯国。在接下来的300年里，中国人在现在中国的疆域内站稳脚跟，并建立了一个帝国，领土和人口超过了当时存在过的任何帝国，这一情况直到距今50年前才被刷新。尽管遭遇了蛮族入侵、蒙古和满族统治，以及时间或长或短的混乱和内战，但儒家思想体系仍然存在，并带来了艺术、文学以及文明的生活方式。只是在我们这个时代，由于中国与西方和西化的日本的接触，这个体系才开始崩溃。

一个具有这种非凡生存能力的思想体系，肯定有极大的优点，当然值得我们尊重和考虑。它不是我们所理解的宗教，因为它与超自然或神秘的信仰无关。儒家思想是一个纯粹的伦理体系，但它的伦理与基督教不同，没有被拔高到普通人无法践行的程度。从本质上讲，孔子所教的东西很像18世纪的老式"绅士"理想。他的一段箴言可以说明这一点（引自莱昂内尔·贾尔斯的《论语》）：

> "绅士没有什么可与别人争的事情。如果有的话，那就是射箭比赛了。比赛时，先相互作揖谦让，然后上场。如果输了，就退下来喝罚酒。因此，即使在比赛中，他仍

然是一个真正的绅士。"[1]

作为一名道德教师，孔子经常谈到责任、美德等问题，但他从不要求人们做任何违背自然和自然情感的事情。以下对话就是说明：

> 叶公告诉孔子说："我家乡有个正直的人，他父亲偷了别人的羊，他便出来告发。"孔子回答说："在我家乡，正直的观念与这儿不同：父亲替儿子隐瞒，儿子替父亲隐瞒，这才是真的正直。"[2]

孔子在一切事情上都崇尚适度，甚至美德也是如此。他认为我们不应该以德报怨。一次，有人问他："以德报怨，何如？"孔子回答说："何以报德？以直报怨，以德报德。"在孔子时代，倡导以德报怨原则的是道家，道家的教义比儒家教义更接近基督教。道家始祖老子（应该是比孔子更年长的同时代人）说："善者吾善之，不善者吾亦善之，德善。信者吾信之，不信者吾亦信之，德信。人之不善，何弃之有？以德报怨。"老子的一些

---

[1] 《论语》原文：君子无所争，必也射乎。揖让而升，下而饮，其争也君子。
[2] 《论语》原文：叶公语孔子曰："吾党有直躬者，其父攘羊，而子证之。"孔子曰："吾党之直者异于是。父为子隐，子为父隐，直在其中矣。"

箴言与《登山宝训》部分内容极为相似。

> 谦卑自己的，必得蒙保守。弯腰的，必变直。空虚的必被填满。被磨灭的，必将焕然一新。拥有少的必成功，拥有多的必迷失。

在中国，公认的民族圣人是孔子而不是老子，这是中国的特色。道家虽然得以存留，但主要是作为一种修仙法在民间流传。它的学说对于管理帝国的务实人士来说似乎太过耽于幻想，孔子的学说则是为了避免摩擦而精心设计的。老子宣扬无为而治，他说："帝国总是通过顺其自然来赢得胜利的，经常扰害民生的人无法赢得帝国。"[1]但是，中国的统治者自然地偏爱孔子关于克制、仁爱和有礼的教导，因为这些格言都极力强调，一个结合了这些美德的明智政府可以做成好事。中国人从来没有像现代白人国家一样，在理论上拥有一种道德体系，而在实践中做的是另一套。我并不是说他们总是遵守自己的理论，而是说他们试图这样做，并且别人也期望他们这样做，而基督教伦理的大部分内容，被普遍认为对这个邪恶的世界来说太过高尚。

---

[1] 出自《道德经》第四十八章："取天下常以无事，及其有事，不足以取天下。"

事实上，我们西方有两种道德并存：一种是我们宣扬但不实践的道德，另一种是我们实践但很少宣扬的道德。与摩门教以外的所有宗教一样，基督教起源于亚洲。在早期的几个世纪里，它强调个人主义和其他世俗事务，而这是亚洲神秘主义的特征。从这个角度来看，不抵抗的教义是可以理解的。但是当基督教名义上成为精力充沛的欧洲王子的宗教时，人们发现有必要坚持认为一些教义不能按字面意思理解，而另一些教义如"恺撒的归恺撒"则获得了极大的欢迎。在我们这个时代，竞争性工业主义的影响令丝毫不抵抗的做法受到鄙视，人们期望男人们能坚持到底。在实践中，我们有效的道德是通过斗争获得物质成功的道德；这既适用于国家，也适用于个人。其他任何不同的做法在我们看来都是软弱和愚蠢的。

中国人既不接受我们的理论伦理，也不接受我们的实践伦理。他们在理论上承认，在某些场合下斗争是合适的；而在实践中，人们很少见到这类场合。而我们在理论上认为，在任何场合下，斗争都是不合适的；但在实践中，这类场合屡见不鲜。中国人有时会打仗，但他们并非好战民族，也不太欣赏战争或商业上的成功。传统上，他们最崇尚学问；除此之外，通常与崇尚学问相结合，他们崇尚文雅和礼貌。长期以来，中国的行政职位都是根据竞争性考试的结果来授予的。由于两千多年来没有世袭不辍的贵族——孔子家族是个例外，其首领是一位公爵——学问受到了像封建欧洲有权势的贵族才享有的那种尊重，学问自身的力量也激发了人们的尊重。然而，旧的学问非常狭隘，只是对中国经典及公认的注释本进行不加批判的研究。在西方影响下，他们逐渐认识到地理学、经济学、地质学和化学等方面的知识比以前的说教更实用。少年中国（即受过欧式教育的学生）认识到了现代的需要，但也许对古老的传统没有足够的尊重。然而，即使是最现代的中国人，都保持了节制、礼貌与平和等传统美德，只有少数例外。这些美德能否再经受住来自西方和日本教育的冲击几十年，或许值得怀疑。

如果要我用一句话来概括中国人和我们的主要区别，我会说他们活着主要是为了获得享乐，而我们主要是为了获得权力。我们喜欢能控制同胞的权力，喜欢控制自然的权力。为了前者，我们建立了强大的国家；为了后者，我们建立了科学。这样的追求不适合中国人，因为他们太过懒惰，又太过善良。然而说他们懒惰，只在某种意义上是正确的。他们的懒惰跟俄罗斯人的懒惰不同；换句话说，他们仍会为生活而努力工作。劳工的雇主发现他们非常勤劳。但他们不会像美国人和西欧人那样只是出于摆脱无聊而去工作，他们也不喜欢为了忙碌而忙碌。当他们挣的钱足够维持生计时，他们就会感到满意，不会想努力工作再多挣点。他们有无限的休闲娱乐能力：看戏，喝茶，聊天，欣赏中国古典艺术，或在风景美丽的地方散步。按照我们的思维方式，这种生活方式有点过于淡泊了。我们更尊重一个每天都去办公室的人，哪怕他在办公室所做的一切都有害无益。

生活在东方或许对白人有一种腐化的影响，但我必须承认，自从我了解中国以来，我一直认为懒惰是大多数人都有能力获得的最好品质之一。我们精力旺盛，做成了一些事情；但加以权衡，我们做成的事情是否有价值，这值得怀疑。我们开发了高超的制造技术，一部分用来制造船只、汽车、电话和其他使自己在巨大压力下仍能享受奢侈生活的东西；另一部分我们用来制造枪支、毒气和飞机，目的是大规模相互残杀。我们有一流的管理体系和税收体系，一部分税收用于教育、卫生和其他有用的方面，其余的则用于战争。在今天的英国，国民收入大部分花在了打仗和准备打仗上，只剩下一点点花在有用的方面。而在欧洲大陆的大部分国家，这两部分的比例更糟。我们有一个效率无与伦比的警察系统，一部分用于侦查和预防犯罪，另一部分用于监禁任何持有新的建设性政治观点的人。中国直到最近才有这些东西。中国的工业效率太低，无法生产汽车或炸弹；国家管理效率太低，无法教育本国公民或屠杀其他国家的公民；警察效率太低，抓不到土匪或布尔什维克分子。结果是，与任何白人国家相比，所有中国人都享有自由，并且普遍有一定程度的幸福感；鉴于除了极少数人以外，所有人都还过着贫困的生活，拥有这种幸福感令人惊叹。

将普通中国人的观念同普通西方人相比,马上可以发现两个差异:第一,中国人不崇尚忙碌,除非出于某种有益目的;第二,他们不认为道德在于抑制自己的冲动,并干涉他人的冲动。我们已经讨论了第一种不同之处,但第二种可能具有同样重要的意义。著名的汉学家贾尔斯教授在"吉福德讲座"[1]中,讨论了"儒学及其对手"的话题;他在总结时说,基督教在中国成功传教的主要障碍是它的"原罪"教义。按照正统基督教的传统教义,我们生来就是邪恶的,并且邪恶到要受永恒惩罚的地步;在远东的大多数基督教传教士仍在宣扬这一教义。如果这个教义只适用于白人,中国人可能很容易接受它,但得知他们自己的父母和祖辈也身陷地狱之火时,他们会变得愤怒。孔子的教导是,人之初,性本善[2],如果沦为邪恶,那是受了邪恶榜样或腐化举止影响的缘故。与西方正统观念的这种差异对中国人的观念产生了深远的影响。

在我们当中,被视为道德典范的,是那些自己放弃寻常的快乐而从干涉他人快乐中寻求补偿的人。我们的美德观中有一个因素就是好管闲事:一个人若不惹得很多人讨厌,我们就认为他不可能成为一个特别好的人。这种态度源于我们的原罪

---

[1] 英国系列学术讲座,始于19世纪末,一般两年举办一次。
[2] 作者这里的表述不准确,"性善论"是孟子的学说。

观念。它不仅引发对自由的干涉，而且滋生虚伪，因为传统标准对大多数人来说太难达到。中国的情形并非如此。道德规范是积极的，而不是消极的。一个人应该尊重父母，善待孩子，慷慨对待穷亲戚，并对所有人都彬彬有礼。这些都不是很难的任务，大多数人实际上都在履行；结果可能比我们更高的标准要好，因为我们的标准大多数人都达不到。

没有原罪概念的另一个结果是，与西方人相比，中国人更愿意通过辩论和说理来解决分歧。在我们之间，意见分歧很快就会变成"原则"问题：双方都认为对方是邪恶的，稍作屈服都意味着要承担对方的部分罪责。这就使分歧更加尖锐，实际上必然带来诉诸武力的强烈意愿。在中国，虽然有些军事强人愿意诉诸武力，但没有人把他们当回事，就连他们自己的士兵也是这样。他们打的都是几乎不流血的仗，他们在战争中造成的损失，比西方那些激烈冲突的预期损失要小得多。包括民政部门在内的绝大多数人都在忙于自己的事情，就好像这些将军和他们的军队不存在一样。日常生活中的分歧通常由第三方善意调解。妥协是公认的原则，因为有必要挽回双方的面子。虽然"要面子"的某些表现让外国人忍俊不禁，但它是一种极其宝贵的民族习惯，使中国人的社会生活与政治生活远不如我们这般冷酷。

中国的体制有一个严重的缺陷，而且只有一个，那就是它不能使中国有效抵抗更为好战的国家。如果全世界都像中国，那么全世界都会幸福；但是，既然中国现在不再与世隔绝，那么只要其他国家嗜好战争而且杀气腾腾，中国要保持民族独立的话就不得不在某种程度上模仿我们的恶习。但我们不能自鸣得意，将这种模仿视为进步。

（选自《怀疑论集》，出版于 1928 年）

附录

罗素生平著作大事年表

1872年　5月18日，出生于英国威尔士南部的来文斯克福特。其父安伯利勋爵（Viscount Amberley）是维多利亚女王时代两度出任首相的重臣约翰·罗素勋爵（John Russell, 6th Duke of Bedford, 1792—1878）之子。母亲凯特·斯坦利（Katherine Stanley）也出身于贵族家庭。其父母共养育三个子女，罗素最小。其兄弗兰克（Frank），比罗素大7岁；其姐拉谢尔（Rachel），比罗素大4岁。罗素的教父是著名学者约翰·斯特亚特·穆勒（John Stuart Mill, 1806—1873）。

1874年2岁　母亲患白喉去世。几天后，姐拉谢尔亦患同样的疾病夭折。

1876年4岁　父亲患支气管炎去世。此后，与其兄弗兰克改由祖父母（主要是祖母）抚养。与当时其他上流社会的子女一样，罗素由家庭教师启蒙并在家庭中接受专门教育。

1878 年 6 岁　祖父去世。

1883 年 11 岁　跟兄弗兰克学习欧氏几何。

1884 年 12 岁　祖母在罗素 12 岁生日时赠送给他一本《圣经》，并在扉页上题字："不要跟随众人去为非作恶。"这句话成为罗素一生奉行的箴言。

1889 年 17 岁　进入青春期后，罗素感到非常孤独，经常思考自杀问题。他后来在《自传》中称其兴趣主要集中在性、宗教及数学上。

经叔叔介绍，结识曾在美国接受高等教育的贵格会教徒艾丽斯，与之坠入爱河。但遭到祖母的反对。

1890 年 18 岁　10 月，获奖学金进入剑桥大学三一学院主修数学，后转修哲学和逻辑学。受到著名学者怀特海（Alfred North Whitehead，1861—1947）的影响。

1893 年 21 岁　获数学学士学位一级。

1894 年 22 岁　以第一名的成绩从剑桥道德科学（哲学）系毕业，获道德哲学学士学位一级。同年 12 月 13 日不顾祖母反对，与艾丽斯成婚。

1895 年 23 岁　以论文《论几何学的基础》（*An Essay on the Foundations of Geometry*）当选为剑桥三一学院研究员。

携妻旅游欧洲大陆。在德国研究社会主义学说和经济学，参加一些社会活动，并完成第一本书《德国的社会民主主义》

(*German Social Democracy*)的写作。

1900 年 28 岁 出版《对莱布尼茨哲学的批评性解释》(*Critical Exposition of the Philosophy of Leibniz*)。

1903 年 31 岁 出版《数学的原理》(*Principles of Mathematics*)。

1908 年 36 岁 入选英国皇家学会会员。

1910 年 38 岁 回到剑桥三一学院任讲师,教授逻辑和数学原理。

这一时期的主要成果是《哲学问题》(*The Problems of Philosophy*,1912),以及和怀特海合写的三大卷《数学原理》(*Principia Mathematica*,1910—1913)。后者在逻辑发展史上是划时代的,使逻辑脱离哲学而独立。该书加上早期独著的《数学的原理》使罗素获得了世界声誉。

1916 年 44 岁 因参加反战活动被起诉,并被三一学院解职。

出版《社会改造原理》(*Principles of Social Reconstruction*),全面阐述了对国家、财产、战争和教育等社会问题的看法,将教育视为通过改造人性达到改造社会和消除战争的主要方法。

1918 年 46 岁 因发表鼓吹和平的文章被政府视为异端,被判六个月监禁。在狱中撰写了《数学哲学导论》(*Introduction to Mathematical Philosophy*)。

1920 年 48 岁 春天访问俄国,会晤列宁,交谈约一小时。著《布尔什维主义的实践和理论》(*The Practice and Theory of*

Bolshevism），预言苏联的宏图大业终将无法实现。

8月，在朵拉（Dola Black）陪同下访问中国，在北京讲学一年。与美国哲学家、教育家杜威同时在中国讲学。回到欧洲后著《中国问题》(The Problems of China)。孙中山称其为"唯一真正理解中国的西方人"。

1921年49岁 与艾丽斯离婚，娶朵拉。11月16日，长子约翰（John Conrad Russell, 4th Earl Russell）出生，开始对教育问题格外关注。两年后，女儿凯瑟琳（Katharine Jane Russell，即Lady Karharine Tait）出生。随着两个孩子渐渐长大，罗素对教育的兴趣越来越具有针对性。

1924年52岁 到美国讲学。后分别于1927年、1929年、1931年三度赴美。

1926年54岁 完成《论教育：特别是早期教育》(On Education: Especially in Early Childhood)，在英国出版。

在美国出版时，改名为《教育与美好生活》(Education and the Good Life)。书中阐述了现代教育的基本原理及现代教育的发展趋势。

1927年55岁 与朵拉于9月22日在苏塞克斯的比德斯费尔德市创办比肯希尔学校（Beacon Hill School），实践自己的教育理念。

在全国非宗教协会发表题为《为什么我不是一个基督徒》

（*Why I am not a Christian*）的演讲，批判了上帝存在的各种"标准"的证明，指出宗教的基础是对神秘事物及死亡等的恐惧。

1929 年 57 岁 出版《婚姻与道德》（*Marriage and Morals*），书中一些大胆的观点（如试婚制、性自由等），遭到宗教界人士的激烈抨击。

1931 年 59 岁 哥哥去世。继承爵位，成为第三代罗素伯爵，但从未在公开场合使用过这个头衔。

1932 年 60 岁 出版《教育与社会秩序》（*Education and the Social Order*），总结了比肯希尔学校的经验与教训。

1935 年 63 岁 与朵拉离婚。此后，比肯希尔学校由朵拉独自经营，一直到 1943 年。

1936 年 64 岁 与比肯希尔学校教师彼得（Peter，即 Pitricia Spence）结婚。两人育有一子康拉德（Conrad Sebastian Robert Russell）。

1937 年 65 岁 中国七七事变后，在陶行知代拟的《杜威宣言》（*The John Dewey Manifesto*）上联署（同时联署的还有甘地、罗曼·罗兰、爱因斯坦等世界名人），谴责日本侵略中国，支持中国抗战。

1938 年 66 岁 离英赴美，被聘为芝加哥大学哲学教授。次年被聘为加利福尼亚大学哲学教授。

1940 年 68 岁 纽约州立学院拟聘其为哲学教授，因其激进的观念（尤其是性道德观念）引起部分女生家长不满，到学校抗议，闹上法庭。最后，法院判决罗素"道德不宜"（morally unfit）在大学任教。该案成为当时著名的"罗素讼案"（the Bertrand Russell Case）。杜威等著名人士曾基于民主的信念力挺罗素。此事了结后，罗素到巴恩斯基金会讲授西方哲学史近三年。以讲稿为基础，写作《西方哲学史》（*A History of Western Philosophy*）。

1944 年 72 岁　离美返英，重返剑桥三一学院任研究员。

1945 年 73 岁　《西方哲学史》正式出版，引起欧美学术界极大关注。

1949 年 77 岁　成为英国科学院荣誉院士，并获得英王乔治六世颁发的功绩勋章。

1950 年 78 岁　获诺贝尔文学奖。获奖作品是《婚姻与道德》（1929）。诺贝尔奖委员会称赞罗素"持续不断地追求人道主义理想和思想自由"，是"西方自由言论和自由思想的无畏斗士"。

1952 年 80 岁　与彼得离婚，娶美国大学教师伊迪丝（Edith Finch）。

1955 年 83 岁　针对美苏等国氢弹爆炸成功，罗素意识到核武器可能给人类带来的灾难，联合爱因斯坦发表《罗素–爱因斯坦宣言》（*The Russell-Einstein Manifesto*），号召世界各国政府遏制军备竞赛，用和平方式解决争端。

1957 年 85 岁　与约瑟夫·罗特布拉特等创立帕格沃什会议。致函苏美首脑赫鲁晓夫和艾森豪威尔，敦促东西方合作。

1958 年 86 岁　担任核裁军运动（Campaign for Nuclear Disarrmament）第一任主席。

1959 年 87 岁　《西方的智慧》（*Wisdom of the West*）出版。

1961 年 89 岁　由于主持核裁军静坐示威，和妻子一起被判两个月的监禁，后因健康原因减为一周。

1963 年 91 岁　因在耶路撒冷国际图书博览会上宣传自由及个性平等的观念而荣获第一届"耶路撒冷奖"（Jerusalem Prize）。进入 20 世纪 60 年代后，在许多场合及文章中严厉抨击美国侵略越南的政策及行径。

1964 年 92 岁　为推进世界和平、人权及社会正义，创立罗素和平基金会（Russell Peace Foundation）。

1966 年 94 岁　完成书稿《在越南的战争罪行》（*War Crimes in Vietnam*）

1967 年 95 岁　与萨特（Jean-Paul Sartre）发起建立一个民间国际战争审判法庭，并传讯扩大越战的美国总统约翰逊。出版三卷本《罗素自传》（*The Autobiography of Bertrand Russell*）。

1970 年 98 岁　1 月 31 日，发表谈话谴责以色列在中东的侵略行径。2 月 2 日，在威尔士的彭和登德拉斯（Penrhyndendraeth, Merioneehshire, Wales）寓所逝世。

青豆读享 阅读服务

帮你读好一本书

《我们还能获得幸福吗？》阅读服务：

全本畅听　　高品质真人朗读，随时随地畅听全书。

观点提炼　　每节配套笔记梳理，助你快速掌握本书要点。

作者档案　　为你多角度还原罗素其人，进一步理解他的幸福哲学。

编辑手记　　图书编辑分享出版幕后，以及本书在当下的重要价值。

罗素语录　　10个金句，回应当代人有关自由、幸福、教育与道德的种种困惑。

每一本书，都是一个小宇宙。

扫码使用配套阅读服务

著作权所有，请勿擅用本书制作各类出版物，违者必究。

图书在版编目（CIP）数据

我们还能获得幸福吗？/（英）伯特兰·罗素著；谭新木，谭小平译 . -- 长沙：湖南教育出版社，2024.11. -- ISBN 978-7-5539-9847-3

Ⅰ . G40-53

中国国家版本馆 CIP 数据核字第 2024VF2676 号

WOMEN HAI NENG HUODE XINGFU MA?

书　　名	我们还能获得幸福吗？
作　　者	［英］伯特兰·罗素
责任编辑	张件元
特约编辑	刘红霞
责任校对	王梦雅　李　宇
装帧设计	刘　哲
出版发行	湖南教育出版社（长沙市韶山北路443号）
网　　址	www.jiaxiaoclass.com
微 信 号	家校共育网
客　　服	0731-85486979
经　　销	新华书店
印刷装订	北京联兴盛业印刷股份有限公司
开　　本	889 mm×1194 mm　32开
印　　张	9.75
字　　数	150 000
版　　次	2024年11月第1版
印　　次	2024年11月第1次印刷
书　　号	ISBN 978-7-5539-9847-3
定　　价	56.80元

如有质量问题，影响阅读，请与湖南教育出版社联系调换。